牛津非常短講 004

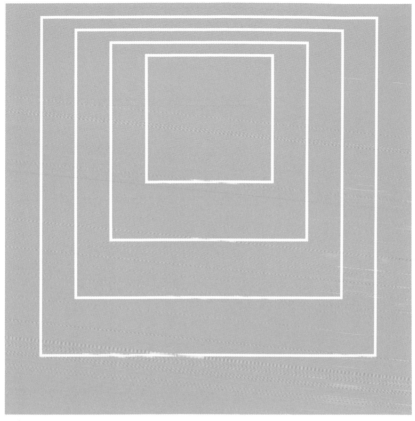

法西斯主義

Fascism

A VERY SHORT INTRODUCTION

凱文・帕斯莫——著
Kevin Passmore
徐承恩——譯

法西斯主義有著謎一樣的面容，因為它的內容充斥著對比。它主張威權主義，又籌畫叛亂；它每每與當代的民主政治作對，卻又不相信能恢復過往的任何制度；它看起來好像想要打造強大的國家，卻採用最能瓦解國家的手段，就如專事破壞的派系、或是祕密的會社。不論我們如何面對法西斯，它同時是看似正反兩面的事物，是甲也非甲……

——奧特嘉・伊・加塞特，〈關於法西斯主義〉（一九二七）

目次

*編輯說明：本書所附隨頁註，除標示〔譯註〕外，餘為編註。

英文第二版序

自《法西斯主義》英文第一版於二〇〇二年出版後，這個領域的研究方法出現雙重的演變。過往研究的目標，旨在為法西斯主義提出精準的定義（「模式」或「分類學」），寄望藉此歸納其主要特徵。這樣的定義容許我們去辨別各種法西斯運動，也通常會視之為同一「事物」於各國的變種。可是到了今時今日，學者卻會懷疑界定法西斯主義的做法是否有用，甚至會質疑是否可能就定義問題達成一致。他們反倒呼籲我們，認為我們應該探究古人如何、為何使用「法西斯」一語，並查明古人這樣做的目的。他們亦認為經濟、理念和人口皆極為流動，是以我們無法透過個別國家的個案理解世界。法西斯主義如今已被當成「跨國」現象去研究，而我們能夠探討的，是當事人如何跨越國界把「法西斯」這個詞推廣出去。

《法西斯主義》英文第一版已經反映了界定法西斯的問題；可是我的省察有限，終究犯上同樣的錯誤，提出一套自己的定義方式。雖然此書仍維持前版的分章、亦保留了不少片段，當中的論據和內容卻都是新的補充。

就像英文第一版那樣，本書綜合了各式各樣的學術研究，因此無法在此向所有人表達我的虧欠之情。在原文第一版的序言，我特別點出布雷（Michael Burleigh）和魏柏曼（Wolfgang Wipperman）之重要，他們的著作對新版依舊舉足輕重。而新版亦受法國政治學家多布里（Michel Dobry）的想法啟發，他曾付出不少心血以扭轉學者對概念和分類的理解和運用。

在清晨與康普斯頓（Hugh Compston）喝咖啡聊天，也使我的想法變得更為清晰。在此也得向讀過整篇草稿的沃克（Garthine Walker）致謝，並感謝無名讀者們精闢的評論。最後也要感激馬艾瑪（Emma Ma）令人鼓舞的編輯工作。

依據過往的慣例，我在英語原文以大寫的「Fascism」指涉義大利的法西斯運動及政權，以小寫的「fascism」指涉一般的法西斯主義。

第一章

「是甲，也非甲」：何為法西斯主義？

一九一九年三月二十三日

在米蘭聖墓廣場旁邊的會堂內，只有一小群男士、幾位女士。在這個冷清的地方，唯一顯眼的事物就只有鄰近的十一世紀的教堂。貝尼托・墨索尼里於此地召集會眾組成法西斯戰鬥團：那只是又一個以束棒（Fascis，音譯為法西斯）命名的老兵小團體。他們完全沒想過要建構甚麼意識形態，甚至對自身的理論定位也是不明不白。

墨索里尼時年三十五歲，曾經信奉社會主義，如今為退伍軍人。他來自小城鎮的鐵匠家庭，卻為營造上流的形象刮掉鬍子、穿起有領的上衣。為《義大利人民》這份掙扎求存的報刊擔任編輯，是他僅有的帳面收入來源。他要維持家庭生計——妻子、三名子女、還有一位情婦，又喜好劍擊、決鬥和賽車，這樣的生活確實捉襟見肘。不過他既靠政治謀生，也就從政壇學到其生活品味。

可惜在一九一九年的政治地景，卻無墨索里尼的容身之處。義大利社會黨反對加入世界大戰，使主戰的他不得不退黨。最終他只能與工團主義者（主張革命的工會）、國族主義者、以及執政自由派（根據現時的觀點，他們其實是保守派）的部分成員混在一起。這些所謂的介入派除了鼓吹戰爭之外，別無相通之處。他們有些人試圖以參戰激發革命，卻說不出其所以然。另一些人則宣稱戰爭能振興資產階級，或是能使民眾支持現有政權。還有一些人是為求炒作議題打擊對手。在戰爭期間，墨索里尼愛國的新聞報導方式或能激勵工人，使政府覺得有其利用價值。如今他遭社會主義者切割，卻未曾放棄與他們復合的盼望。他依舊主張革命，右派固然會敬而遠之，可是像詩人加布里埃爾·鄧南遮[1]這樣主張革命的介入派聲勢都比他浩大。墨索里尼和他的盟友因此想憑藉退伍軍人的身分，試圖重振戰爭時期的雄風。

而束棒一語，或許能宣示其所盼所望。所謂束棒，其實就是一堆綁在一起的木棒，有時候也會多綁上一柄斧頭。一八九〇年代，西西里島的社會主義農民首次將這個詞應用在政治上，這個用語隱含的普羅激進主義，使那些主張介入戰爭的前左派感到欣慰。由於束棒乃古羅馬的權威象徵[2]，這個詞語也因此同時受到自由派和國族主義者的歡迎。到一九一九年，束棒這個符號已成為介入派獨享的吉祥物。

墨索里尼在聖墓廣場的演說，刻意迴避政策綱領的問題。他雖替信奉國族

1 加布里埃爾・鄧南遮（Gabriele d'Annunzio, 1863-1938），義大利詩人、作家、記者、軍事英雄和政治領袖。第一次世界大戰爆發後，他敦促國家參戰，自己也投身戰鬥，成為狂熱的民族主義者。一九一九年，鄧南遮及其支持者占領阜姆（Fiume，今克羅埃西亞Rijeka），成立臨時政府，其憲章、儀式、符號均影響後來法西斯政權甚鉅。晚年在倫巴底寫作，儘管被墨索里尼授予頭銜並出版他的作品，但實質上被法西斯政權邊緣化。第三章亦將提及鄧南遮。

2〔譯註〕當羅馬共和國遇上危機，元老院就會選出獨裁官，暫時讓渡軍政大權。而束棒即為元老院贈與獨裁官的信物。在危機結束後，獨裁官須交還束棒，象徵元老院收回統治權。

主義的工會背書，卻未認同任何具體的主張——畢竟演說的場地，是向本地雇主組織借用的。被後世稱為「一九一九年綱領」的東西，是在集會後幾個星期才開始起草。這份綱領揉合國族主義和共和主義，既反對教權、也主張社會改革和婦女投票權。法西斯主義者很快就摒棄大部分主張：他們反對教條、抗拒意識形態。

在隨後兩年，法西斯主義急速發展成群眾運動，卻依舊沒有清楚說明其主張。他們的武裝組織攻擊社會主義者、天主教機構和斯拉夫裔少數族群，卻又同時譴責資本主義。墨索里尼抨擊羅馬政壇的腐敗，卻同時與建制的政客做檯面下交易。透過這些討價還價，法西斯黨與自由派於一九二二年十月二十二日組織聯合政府，並推舉墨索里尼為首相。

墨索里尼於一九二六年展開全面的獨裁統治。他開始就政策綱領發表聲明，而喬凡尼・詹提勒[3]這類讀書人則把法西斯理念系統化。法西斯政權實行的，都是務實的政策：他們當然不乏意識形態，卻又總是語焉不詳。這樣的政權隨時勢而變化，其活躍分子亦眾聲喧嘩：不管是關於婦女和工會的角色、是法西斯黨與國家體制的關係、還是國民文學的性質問題，盡皆莫衷一是。

意味不明，卻無阻法西斯主義取得國外的讚聲。法西斯主義一躍而起，成為二十世紀一個舉足輕重的政治運動。到一九三〇年代，法西斯與反法西斯的鬥爭，被視為國內和國際政治的首要議題。在一九二五年，因為義大利政權擴展影響力的努力，世界各地已有逾四十五個自稱「法西斯」的群體。不過這些運動，卻不是簡單的模仿。它們的構成，亦與義大利始祖一樣地龐雜多元。他們採取義大利法西斯運動某些面向，卻對其他方面棄如敝屣。他們把來自義大利和其他國家的外來影響，與自身的傳統連結在一起。部分令我們聯想起法西斯的政治運動抗拒這樣的標籤。

納粹主義在德國的興起，則使問題變得更加複雜。希特勒也是法西斯主義的狂熱支持者，而納粹主義的支持者和敵人偶而都會稱之為「法西斯主義

3 喬凡尼・詹提勒（Giovanni Gentile, 1875-1944），義大利哲學家，羅馬大學哲學史教授，一九二二年十月至一九二四年七月，任義大利法西斯政府教育部，一九二五年繼而擔任憲法改革委員會的主席，奠定了法西斯國家的基礎。

者」。可是要說明何為納粹，卻與定義何謂法西斯同樣困難：納粹主義的某些特徵——比如激進的反猶主義——也非始祖法西斯主義的顯著特徵。希特勒後來取得的成就，也將墨索里尼的國際聲望比下去。如此義大利法西斯主義亦開始向納粹主義借鏡，而各種海外法西斯運動亦與納粹親近，改為強調反猶主義和「國家社會主義」。

法西斯主義在一九四五年後變得聲名狼藉，但其遺產對政治地景的結構影響深遠。俄國、英國以至北美洲的政府，皆因身為戰勝法西斯的勝利者而取得合法性，而戰後法國、義大利和德國的政權，都自稱為反抗運動的繼承者。「法西斯」這個詞亦因而淪為一種罵名。那些仍然模仿法西斯的勢力，也毫不意外地難以在政壇立足。某些在一九九〇年代興起的政治運動，使反對者以為法西斯主義在借屍還魂，但那些運動幾乎都會矢口否認。

法西斯主義的定義和理論

我們該如何理解這樣的意識形態？它既討好光頭黨、又吸引讀書人；雖然主張革命、卻偏與保守派結盟；喜好展現雄風、又獲女性愛戴；呼籲回歸傳統、卻為科技而著迷；既要歌頌民眾、又在鄙視大眾社會；既鼓吹暴力、又推崇秩序。就如奧特嘉．伊．加塞特所言，法西斯主義一直「是甲，也非甲」。

過往的做法，是嘗試透過精確的定義（或曰「模式」、或曰「類型」）解決這些問題。這些定義意欲窮盡法西斯主義的主要特徵，並通過這些特徵辨別某政治運動是否稱得上是法西斯，即使這些運動也許從未如此自我定位。這樣我們就可以將法西斯主義的特徵列舉出來——這卻只是將事情過份簡化的誤解〔表二〕。

欄位甲的詞彙常見於學術界對法西斯的定義，亦偶然被法西斯主義者採用。乍看之下，這樣的定義並不會帶來太大的爭議，如今任何人提倡的政見，只要符合其中三個以上的條件，都有可能被指斥為具有「法西斯傾向」。但我們若細心探究，就會發現這種做法問題重重：一個政治運動，是否需要符合表列的所有條件，方有資格稱得上是法西斯？還是只需符合部分條件即可？若是

〔表一〕

甲	乙
極端國家主義*	對超越性的反抗（恩斯特・諾爾特[4]）
魅力型領導	
獨裁政治	由壟斷資本主義當中至為反動的成分所實行的獨裁統治（共產國際）
種族主義	
反猶主義	
武裝一黨專政	這種政治意識形態，當中各種神話的中心思想，都是主張復興的民粹極端國家主義（羅傑・格里芬[5]）
暴力或威嚇	一種政治宗教（埃米利奧・秦梯利[6]）
法團主義	
極權意識形態	
反對資本主義	
反對社會主義和共產主義	
反對自由主義	
反對議會政治	
反對立憲政治	

*〔譯註〕: Ultranationalism 提倡的，是建立統攝一切的極權國家體系，藉此超越既有國族國家的分野。日本法西斯思想家北一輝曾將這種「超克國族」的概念，稱為「超國家主義」；可是日本在戰後卻用這一個詞彙，用來描述歐盟這一類區域整合，其含義已經完全改變。而納粹版本的 ultra-nationalism，則會強調日耳曼民族在極權國家體系內的主導角色，故被部分論者稱為「極端國族主義」。可是就如本書所強調，納粹主義只是（類）法西斯主義當中的一個特例。由於建立極權國家體系乃 Ultranationalism 的核心主張，譯者在此決定稱之為「極端國家主義」。

後者，「部分」條件是指那些條件？

在這種定義中所列出的個別條件，亦同樣啟人疑竇。比如說那些自稱為法西斯的人，並非單純的國族主義者：他們反倒想要排斥、監禁、甚至謀害自己的國人同胞。墨索里尼偶而會提倡跨越國界的「普世法西斯主義」，而在戰時被德國占領的歐洲，那些協作者則寄望能在德國主導的世界新秩序中占一席之地。亞爾薩斯的納粹同情者，主張的是地方主義而非國族主義。雖然法西斯主義者似乎都明日張膽地鼓吹獨裁政治和一黨專政，但黨國爭權的情況在法西斯和納粹政權內屢見不鮮，而部分義大利工團主義想要的其實是低度干預的小國

---

4 恩斯特・諾爾特（Ernst Nolte, 1923-2016），德國歷史學家、哲學家，就讀佛萊堡大學時師事海德格，曾任馬堡大學教授、柏林自由大學名譽教授。著有 *The Three Faces of Fascism*（1963），之後對納粹主義的研究引起學術界很大的爭辯。

5 羅傑・格里芬（Roger Griffin, 1948-）英國牛津布魯克斯大學當代史榮譽教授，專研法西斯主義的社會歷史和意識形態。

6 埃米利奧・秦梯利（Emilio Gentile, 1946-），義大利歷史學家，羅馬大學教授，以研究法西斯思想文化史著稱。

家。即使有些事情所有法西斯主義者都會認同——比如說是法團主義——他們對這些東西的定義卻眾說紛紜。而法西斯主義和納粹主義看待猶太人的態度，亦是南轅北轍。

面對上述種種難題，有些論者認為若要妥善定義法西斯主義，比較理想的方法是去觀察他們反對甚麼。然而，即使法西斯主義者都抗拒共產主義，背後卻有各種不同的因由。而且他們都熱中向其宿敵學習，還會即學即用。另一些論者則認為，只需列舉法西斯的特徵就算是成功的定義。他們認為當中部分特徵能解釋法西斯的成因、理解其運作機制，因而顯得比較關鍵。這就是欄位乙那些定義的源流——這些學術性的定義參與者本身或許未曾採用，甚至會憤憤不平地抗拒。這些定義究竟意欲何為，我們暫且存而不論。只是這樣的事實卻顯然易見：有多少位研究法西斯的學者，就差不多會有多少種定義方式。至於誰對誰錯，這些學者也莫衷一是。個人認為，任何就法西斯作出定義的進路，都有本質上的錯謬。

本章隨後的段落將回顧一些定義法西斯的主要方法。由於定義的方法花多眼亂，筆者不得不先將其簡化。這些方法如何分類，則視乎這些定義著重的是法西斯主義的激進面向、還是其保守面向。之所以要如此做，是因為關乎何為法西斯主義的論辯，與當代的社會衝突息息相關。在兩次大戰之間的時代，左派認為自己正參與「反法西斯」的進步鬥爭，與反動法西斯主義和保守主義的聯盟對抗。同一時期的溫和右派和中間派卻認為，民主勢力與左右兩翼極權革命激進分子的抗衡，才是事關重大的真正矛盾。學者為尋求定義苦苦掙扎，卻不知各種政治取態早就把法西斯的概念樣板化，而這些概念事實上既含糊不清、亦備受爭議。這些固執己見的樣板概念，使學者誤以為自己的定義是獨一的真理。我們確實將會看到各種理論雖自有其洞見，卻如瞎子摸象，無法窺一斑而知全豹。每一種定義，基本上都會武斷地放大法西斯的某些面向，卻在其他的地方輕描淡寫。本章的末段，筆者將提出另一種可行的進路。

馬克思主義的進路

簡要而言，馬克思主義認為近代社會基本上可被劃分為兩個階級：一邊是擁有生產手段（工具、工廠）的資產階級或資本家，另一邊則是未能擁有生產手段、必須打工賺工錢的勞動階層或無產階級。資本家和無產階級為爭奪生產手段的業權、以及國家體制的主權而不斷鬥爭。在這兩大階級之間，則夾著一群小資產階級：他們包括自營商、小型企業、農民和白領雇員。小資產階級擁有能夠生財的資產，卻同時遭受大企業壓榨：面對這種矛盾，他們無法確定自己應當與勞動者團結、還是與資本家結盟。

馬克思主義的分析進路著重法西斯主義與資本主義及小資產階級的連結。共產國際於一九三五年所作的描述，是馬克思主義對法西斯主義首個具影響力的定義。他們主張「掌權的法西斯主義，乃肆無忌憚的恐怖獨裁主義，其背後乃金融資本主義之中至為反動、至為沙文主義、至為帝國主義的成分」。共產國際認為隨著無產階級的革命意識與日俱增，資本家也會為保護資產而採用恐怖手段。

他們聲言當時資本主義已經病入膏肓、過往的獨裁手法已經無法力挽狂瀾，資本家也因此必須利用法西斯運動摧毀社會主義。據共產國際所言，這場群眾運動是從小資產階級邢邊招募支持者。縱使小資產階級確實痛恨大企業，法西斯主義者卻將其說服，使他們相信若要維護自己的權益，就要捍衛資產並反對社會主義。可是在法西斯掌權後，勞工運動被徹底根除，小資產階級對資本家就再無利用的價值：他們或是面臨鎮壓、或是遭到邊緣化。

馬克思主義者並不都採用共產國際的定義。在一九六〇至一九七〇年代，有些馬克思主義者認為小資產階級與共產國際描述的不一樣，他們既能扮演比較獨特的角色，亦或多或少反對資本家的利益。此外近年有些馬克思歷史學家亦吸收了「治理術」的概念。這個概念源自法國哲學和歷史學家米歇爾・傅柯[7]，其用意旨在描繪近代政府如何透過在學校、工作場所、醫院、福利制度、

7 米歇爾・傅柯（Michael Foucault, 1926-1984），法國哲學家、文學評論家、思想史學家、社會理

法院這類空間施展「治理技術」，從而按其意願塑造某種樣式的國民。在二十世紀初期，政府通常會推動優生學計畫：這些計畫的設計宗旨，既是為了改進「種族」的質素、也是要令改良過的「種族」生養眾多。為此他們對內要規限以至排除弱者，對外則要實行帝國主義擴張。這些馬克思主義者（或前馬克思主義者）強調這些優生學計畫，一方面帶來馴服而有效率的勞工、另一方面又為未來的勞工預備母親，如此他們既不用捨棄馬克思主義的中心思想、又可以運用嶄新的研究方法。

馬克思主義進路的優勢在於，能夠將法西斯主義與二十世紀初的社會鬥爭連結起來，從而把法西斯理解成社會行動、而非僅僅是抽象概念。這進路突顯法西斯與資本主義的關係，亦說明法西斯的革命論述指涉的可以是較為保守的實踐。馬克斯主義者也透露出社會團體之所以投向法西斯，背後有各種各樣的物質誘因：不論他們是波河河谷的農夫、還是萊茵蘭的工匠。

有為數不少的資本家，樂見左翼遭法西斯主義者摧毀：就這一點而言，馬克思主義者是正確的。可是宣稱法西斯在為資本主義的利益服務，卻無法解釋太多的事情：資本主義畢竟是股頑強的力量，只要政權不以實際行動施加破壞，它就能夠蓬勃發展下去。除此之外，縱然我們無法否認資本主義和市場對近代社會的各個層面——諸如家庭、消費和運動——都施以規範，但這些層面也影響資本家和何理解自身的利益，這也是無可推諉的。而且不同資本家的利益往往互相衝突，亦因此我們必須解釋何以有些資本家會相信法西斯能為己所用、另一些資本家卻對其不屑一顧。

資本主義勢力再大，也不代表這是能解釋法西斯主義的「終極」解答。馬克思主義者嘗試把一切都歸咎於資本主義，卻反倒將法西斯主義的內涵置於次要的地位。舉例來說，他們往往要對法西斯的激進面向輕描淡寫：法西斯運動會激烈地對抗建制的行政菁英和主流政客，馬克思主義者卻輕蔑地把這些抗爭

論家。學生時期沉浸在存在主義現象學與馬克思主義的環境，加上法國歷史和科學哲學的傳統，其著作主要在醫學和社會科學史領域，並投注熱情於文學與政治。一九七八年，傅柯首次以「治理術」為題作課堂演講，為其分析現代世界中的合理性、技術和程序的主要理論工具，並為其對權力的理解增加了新的角度。

稱為「修辭」。亦因如此，他們未能看見法西斯運動的成效，亦未察覺法西斯主義者能為政黨的目標忽略商界的意願。

由於馬克思主義者認為法西斯是為資本主義服務，他們把領土擴張和種族主義視為法西斯主義的次要特徵。部分論者認為這些都只是法西斯主義者的小把戲，其目的是要愚弄小資產階級的支持者，好讓他們把少數族裔視為代罪羔羊，而不是向資本家追究責任；另一種說法，則認為這只是技術高明的資本主義罪行，好比一場近代版的高地清洗[8]。法西斯主義者利用種族主義削弱勞動者的階級認同，固然算是可信的論調，即或如此，我們亦難以斷言德國之所以殺害精神疾患的病人、義大利之所以強迫南提洛[9]住民改用義大利姓氏，是為求保衛資本主義。也許法西斯主義者之所以這麼做，是為了追求一些與（所謂的）資本主義邏輯無關的事物。

韋伯式的進路

隨後我們要介紹的「韋伯式」理論，與馬克斯・韋伯[10]具折衷色彩的社會學之關連，絕對稱不上是簡單直接。對法西斯主義的韋伯式詮釋，與馬克思主義亦有些雷同之處。不論如何，我們姑且按慣例稱之為「韋伯式」的進路。

有異於歸咎資本家的馬克思主義者，韋伯式理論認為法西斯主義的罪魁禍首，乃是自前工業時代殘留、或源於封建時代的統治階層——比如德國東部

8〔譯註〕高地清洗（Highland Clearance）乃十八世紀中至十九世紀中發生於蘇格蘭高地的社會現象。當地地主為促進土地產值，遂圈禁土地、驅逐佃戶，數以萬計的高地居民喪失家園，他們有的遷往蘇格蘭低地、有的離散到大英帝國的海外屬土。

9 南提洛（South Tyrol，義大利文作Alto Adige，德文為Südtirol），原屬奧匈帝國領土，一戰後割讓給義大利，區內仍保有濃厚奧地利文化。

10 馬克斯・韋伯（Max Weber, 1864-1920），德國社會學家、政治經濟學家，現代社會學創始人之一。他認為社會學乃是對社會行動做出「解釋性理解」，以說明其因果關係的科學；他的代表作《新教倫理與資本主義精神》（*The Protestant Ethic and the Spirit of Capitalism*）強調宗教對社會與經濟結構的影響，並舉出新教倫理對西方資本主義發展的影響。其論述「科層體制」（bureaucracy）及三種權威來源的形態——即傳統、人格感召（charismatic）及法理的（legal-rational）權威——影響社會科學研究甚鉅。

或義大利波河河谷的那些大地主、西班牙南部的大農莊主、以及日本的武士階層。他們認為，因為這些國家都未有真正的資產階級革命和自由民主革命，使得那些古老而保守的菁英能對社會有不成比例的影響力。這些「傳統菁英」不只會通過教育和徵兵傳揚反動價值，亦會為保持地位而採用非常手段。自十九世紀末起，這些菁英為求壓抑自由民主和社會主義，轉而資助國族主義的群眾運動。德國和義大利的菁英之所以要把國家捲入世界大戰，是為了鼓動愛國熱情，寄望能憑藉這股力量摧毀國家內部的敵人。這樣的嘗試失敗了，他們也投向法西斯主義，藉此為拯救自己而背水一戰。如此法西斯就主要是反對近代化的運動，是前工業時代殘留下來的菁英與小資產階級和農民合作得來的成果；後兩個群體同樣是「近代」的輸家，亦因此願意相信舊菁英傳統主義的政治宣傳。

韋伯式理論亦認為，急速的社會演變使傳統生活方式遭「近代化」、戰爭或經濟危機侵蝕，從而令群眾更易接受法西斯主義。由於舊有的處事方式變得不合時宜，那些相信傳統的人亦因而失去方寸（學究一點說，他們受困於「失範」）。他們投向法西斯，因為法西斯主義者承諾要修復失落了的確定性。對於近代化的受害者來說，法西斯主義為他們在世界上的定位提出了一個整全的答案：法西斯說明社會演變的根源、點出誰是罪魁禍首（比如外國人和猶太人）、也以極權主義的色彩描繪恢復前近代理想國的藍圖。籠統來說，這些想法的存在，促使恩斯特．諾爾特把法西斯主義說成是「對超越性的反抗」（參見表一）。

韋伯式進路的優勢在於看出墨索里尼和希特勒之所以能上台執政，除了資本家的努力，地主貴族的角色亦同樣重要。可是將法西斯主義視為「反近代」現象的看法，卻不太能令人信服：畢竟法西斯有不少特徵被其他論者視為近代的產物。有些為韋伯式進路辯解的學者，則主張法西斯主義者要以近代手法實踐傳統目標。不過，這些學者很容易就捲入何為「近代」的爭論：這些討論，就像爭辯誰是真正的法西斯那樣，最終只會歸於徒勞。

韋伯式進路與馬克思主義有著同樣的問題：兩種進路都假設菁英能輕易地煽惑民眾，特別是小資產階級。韋伯式進路也像馬克思主義那樣忽視法西斯主義激進的特徵。雖然這種進路比馬克思主義更注重法西斯的意識形態面向，但卻又將法西斯理念化約為毫無特色的渴望，認為那不過是為了追求整全、或是想建立理想國。在這一方面，韋伯式進路就如我們要介紹的下個理論一樣，同樣都軟弱無力。

極權主義、政治宗教和治理術

義大利法西斯主義者創造「極權主義」這個詞彙，為的是要概括他們把義大利群眾「國有化」的行動——也就是要按義大利國家的需求，把群眾組合成尊卑分明、動員備戰的軍事化社群。這個詞彙在一九五〇至一九六〇年代的學術界極為流行：未能信服馬克思主義的社會科學家，運用這個詞語把共產主義和法西斯主義混為一談，並藉以貶斥它。

美國政治學家卡爾．弗里德里希[11]曾對極權主義提出下列廣為傳頌的定義：

一、這種政體的核心，乃一人之下的單一政黨。這個核心通常凌駕於政府官僚之上，或是與其糾纏不清。
二、透過由警察和祕密警察組成的恐怖體制，對付政權真實或想像的敵人。
三、以壟斷方式操控大眾傳播媒體。
四、中央統籌的經濟體系。
五、幾乎壟斷所有武器。
六、擁有一套能完整詮釋人類存有的意識形態，當中有些片斷包含（關乎救主救贖或宗教信念的）強烈千禧年主義訊息。

起初研究者都聚焦在第一至四點，探究黨國之間的關係和規範，從而找出黨國體制的結構。第五點我們則可以直接跳過，畢竟只有那些堅持槍械管制就是極權的人，才會認同這一種定義。在關乎法西斯的研究中，第六點卻比較重

11 卡爾．弗里德里希（C. J. Friedrich, 1901-1984），政治理論家。德國出生、受教育，於哈佛大學獲博士學位，希特勒上台後歸化為美國籍，在哈佛與海德堡大學交替任教，對國家、憲法理論、極權主義的研究影響深遠。

要：研究極權主義的理論家認為，法西斯主義是想透過革命手段，把社會改造成他們意識形態中的烏托邦。在法西斯的年代，社會變幻莫測、危機四伏，民眾亦因而欲求有助理解世界的新思維。奉烏托邦為圭臬，卻必然會導致恐怖政治：畢竟人類的真實本性遠非完美，也因此只能用強制手段讓他們能擠進理想國。

極權主義這個概念，在一九七〇年代開始不再流行。當時冷戰的矛盾淡化，而研究亦發現納粹和法西斯（以及共產主義的）政權運作上頗為混亂，不太符合極權主義那種由上而下全盤控制的形象。然而，到了一九八九年，共產體系的崩潰使極權主義理論敗部復活：把史達林主義的恐怖政治與法西斯拉上關係，在這個時代再次變得有用。後現代主義理論在西方大學的興起，亦使學者對極權主義的意識形態感到好奇，對於某些後現代主義者來說，任何能統攝一切的理念系統[12]——不論那是建基於宗教、階級、國族還是種族——在本質上都必然是壓迫性的。這種觀點與極權主義理論的看法不謀而合：後者正好認為法西斯主義是要用絕對的教條，建設其心目中的理想世界。研究法西斯的學者不太主張後現代主義，但他們的確趨向研究理念，不再像馬克思主義和韋伯式理論那般關注社會結構。

採用極權主義理論的新一代學者面對過往的批評，會指出極權主義只是種被渴求的目標，因而極權主義之實踐總會異於其理想。法西斯政權在運作上雖然混亂，卻仍很有可能懷有極權主義的動機。不論如何，這些新理論依舊會提出似曾相識的論調：急劇的社會變遷使傳統世界步向崩潰，而法西斯主義者剛好能提出一套統攝一切的意識形態，回應眾人對此的渴望。邁克爾・布雷[13]曾提出一個令人印象深刻的比喻：納粹主義改造德國社會的嘗試，就像工程師要去改建橋梁那樣。為免影響交通，工程師不能把橋梁拆掉，他們只能以偷梁換柱的方式，把橋梁的部件逐一更換，如此上面的路人就不會察覺。

這種改良過的極權主義理論又可以分為三大流派。羅傑・格里芬認為法西

12〔譯註〕術語上稱之為宏大敘事，Grand Narrative。

13 邁克爾・布雷（Michael Burleigh, 1955-），歷史學家，英國白金漢大學教授，著作頗豐，關注二戰歷史與納粹德國，多部改編為紀錄片亦獲獎。

斯主義是種「民粹極端國家主義」：由於國家曾面臨危機、步向衰落，因此需要追求復興重建。格里芬以「再（重）生」（Palingenetic）這個維多利亞時代的詞形容法西斯的主張，取其「自灰燼中重生」之意。法西斯主義者復興國家的努力，無異於一場革命：為求彌補失落的傳統，他們就去推廣自己的意識形態，以近代化的方式建立理想國。

另一種相輔相成的極權主義理論，則為政治宗教理論。埃米利奥・秦梯利認為法西斯那統攝一切的意識形態，其實就是一種世俗化的宗教。他認為近代化雖令傳統宗教崩壞，卻無法遏止信眾對敬虔的渴求。法西斯主義把政黨、國家和領袖神化，滿足了這些信眾的需求。這種政治宗教的禮儀、聖典和祭司，都旨在把信眾改造成「法西斯新類型人」：他們活著，既不為家人、也不為資本主義，而是為了法西斯主義的緣故。由是觀之，法西斯主義無疑是種革命的思想。

極權主義理論的進路，亦與某種後現代思潮合流：也就是早前提及的「治理術」概念。他們宣稱近代政府擁有極度高超的治理技術，其觸角無遠弗屆，能左右家庭、社會以至是個人身體的行為表現。由於民眾都想取得經濟成就、想要接受教育、也祈求身體健康，他們反倒渴求那些帶來壓迫的事物、甚至與壓迫者勾結合謀。我們不難想像，法西斯主義可被視為究極版的治理術：他們透過摧毀敵人，造就一套極致的治理術。

上述那些理論的過人之處，在於能夠謹慎研究法西斯主義的理念和綱領。如今我們再不能像昔日的學者那樣，斷言法西斯主義缺乏意識形態（縱使這些意識形態，往往千瘡百孔、自相矛盾，有違極權主義理論的預期）。我們亦會同意法西斯運動往往牽涉某種革命大計、且與原教旨主義的宗教頗有相似之處。如此的政治運動堅信對手都涉及邪惡的陰謀，並藉此肯定以暴力達成目標的手法。傅柯的思想，也激勵了為數不少的新研究，探討醫生、學者、以及其他專業人士在法西斯運動的角色。

可是這些極權主義理論都有個致命傷：他們都假設群眾是無差別而被動的，只要遇上理念儀式性的重覆、或是遭遇統治的技術，就會為法西斯所收編。這些理論難以解答何以民眾會選擇加入法西斯運動。他們只能泛泛而談，論及失範的社會和渴尋信念的大眾，卻無法解釋何以有些社會群體會比別的更踴躍。不論如何，在一次大戰之後的動盪並不必然會導致迷失與隔閡。相反地，戰爭反倒讓大批群眾加入愛國組織，而這些社會組織正好就是法西斯興起的基礎。民眾對危機的反應各適其適，不同的教育背景、社會地位、宗教信仰、年齡以及性別，都會影響其回應的方式。我們若要尋找法西斯運動的根源，也不得不留意各種群體的不同處境。有些民眾固然會擁護當權者的救世主意識形態，可是我們不得不問他們何以會決定皈依？若果他們真是把法西斯當成是宗教，這些信眾又會如何理解他們的信仰？

極權主義理論的另一個問題是高估法西斯主義的革命面向，就如馬克思主義誇大法西斯的保守面向那樣。極權主義理論認為極權政體之宗旨，是要摧毀所有持異見的勢力，藉此建造一個全新的社會。這樣的夢想不只無法實行，實際上也無法想像，因為它需要一個不可能存在的客體。畢竟，法西斯運動的領袖們在基礎問題上往往眾說紛紜。並且他們心懷各種偏見、也有各種各樣未為人知的假設，這一切都形塑著他們對理想國的想像、也影響他們如何理解面前的障礙。亦因如此，（在某種限制下）大企業和家庭的狀況，或多或少都能切合法西斯主義者對國家總動員的理解。可是他們對共產主義和女性主義，卻無法如此包容。

極權主義是個有用的概念。可是我們不能忘記極權主義者亟欲強加於人的世界觀，乃是由各種外在理念所塑造，我們亦須緊記不同的法西斯主義者，對其極權大計都各有不同的詮釋。我們不能期望法西斯主義者心目中的烏托邦，會與其身處的社會風馬牛不相及；事實上，正是因為其貼近身處的社會，他們的理想國才會被這麼多人期盼。

布雷的橋梁比喻能有效地解釋，何以一般民眾相信法西斯既能修復國家、又能使其生活不受攪擾。可是這個比喻，卻無法說明何以那些熱心修橋的法西斯主義者，拿著的是一張屢被修改的藍圖：這些工程師不只在爭論橋梁的樣式，也為起始兩端的選址吵個不停。他們的工程計畫需耗用龐大的資源，會動搖橋梁的根基，橋上的列車也因而有脫軌的風險。可是列車上的乘客，卻樂於放手讓那些自稱為工程師的去處理。這些乘客與修橋的工程師，甚至還認為有些乘客正密謀炸毀橋梁：當列車駛經搖搖欲墜的大橋，就有流氓過來把付費的乘客扔到橋下的溝渠。大部分乘客不忍直視，他們不曉得那些穿上制服殺人的，究竟是不是往日常見的守衛。

集革命與反動於一身的法西斯

本書的初版曾嘗試提出一套對法西斯主義的定義：那時筆者誤以為只須結合馬克思主義、韋伯式理論與極權主義理論的長處，就能歸納出一套較為妥善的定義。為此筆者將重點放在法西斯理念和社會處境，同時兼顧法西斯的革命野心和反動議程。

筆者當時認為法西斯主義之所以自相矛盾，與其起源史息息相關。法西斯主義者通常都是心懷不滿的保守派，他們對左翼、社會主義、女性主義和自由主義都看不順眼，認為這些思潮都在損害其利益、侵蝕其價值：就這一點而言，法西斯確是反動的。可是從另一個角度看，法西斯卻可說是革命派：他們不滿政壇領袖無法捍衛保守派的權益。法西斯主義者認為既有統治階層必須下台，讓他們心目中真心捍衛國家利益的新類型菁英取而代之。這樣的反叛主張，往往反映著保守派內部既有的階級和性別張力。在一些比較罕有的案例——至少在兩次大戰之間不太常見——左派的內部危機造就了法西斯的崛起。在這些案例中，法西斯主義者既殘留著左翼對建制的敵意、同時又深信左翼背叛民眾，例如參與政治分贓的行列。法西斯主義背後有林林總總的混雜議題，是以他們既立志以武裝暴力摧毀左派、又威脅要讓武裝分子取代軍隊。筆者亦提出法西斯主義矛盾重重的起源，能解釋他們與各種政治運動的關係，因為法西斯與左右兩翼皆有相似之處。除此以外，法西斯雖以暴力對付左派，卻同時在參考左翼的理論和實踐。舉例來說，法西斯政權鎮壓左翼工會，卻也成立自己的勞工組織；法西斯政黨反對女性主義，卻會於黨內設立婦女部。筆者的定義同時顧慮到變遷的可能：法西斯運動內不同的支持者，可因應不同的處境來為運動定調。

無可否認，筆者的定義至少在這一點上比別的定義有用：它更能解釋已知的現象。這個定義既兼備各理論之長，也能解答更多的問題，比如法西斯運動的內部矛盾、或是其與各種政治運動的曖昧關係。可是筆者的定義在解釋各種不同案例時，還是會把它們之間的重大差異輕輕帶過。當時筆者為求把法西斯與納粹歸為同類，就把納粹主義的滅絕反猶主義當成次要特徵；雖然法西斯與納粹確有其相似之處，但這不代表納粹主義就只是某種法西斯主義。筆者的定義，實則也有其他理論那種過度簡約的毛病：各場運動、各種政權，在現實中皆有豐富多元的內涵，而我卻只想把它們都套在自己的理論。筆者面臨的問題，實在是各種定義必有的通病。我們要取得研究上的進展，就不得不設法將其克服。

定義的困難

在此我們必須開門見山地說，定義就是抉擇：它必然會放大法西斯的某些特徵、同時卻對其他特性輕描淡寫。馬克思主義和韋伯式進路會強調法西斯維護利益的保守性格，而極權主義理論則聚焦於其革命理念。雙方都聲稱（筆者強調是「聲稱」）自己的採用標準比較「貼近根本」，卻無法提出斷定誰是誰非的方法。而且，法西斯主義既是龐雜多元，各種定義也必然會遇到與其矛盾的反例。比如馬克思主義者會發現有些法西斯主義者在攻擊資本主義，極權主義理論家則看到另一些法西斯在捍衛資本主義，而雙方都會以同樣的方法為自己的理論辯護。馬克思主義認為法西斯之所以會反對資本主義，純粹出於「策略考慮」，待掌權後必會改弦易調。極權主義理論則認為法西斯會因「策略需要」而與保守主義結盟，在執政後就會改轅易轍。筆者的定義想要避免這樣的問題，可是這樣就要略過法西斯主義和納粹主義的一些特徵，將兩者簡約為對既存政黨的抵抗。

抉擇既是無可避免，我們也必須選擇聚焦在領袖、黨內讀書人、政綱、黨員、投票者、還是所有人。不同的焦點，就會帶來不同的定義。然後我們就會發現，不同的人對法西斯運動委身的程度也各有不同：有些人只會投票、有些人只是訂閱黨報、有些人會參與奇怪的聚會、有些人是狂熱分子。不少法西斯主義者是其他政黨的成員，或是同情這些政黨的主張。此外，也沒有人會只透過對法西斯的忠誠定義自我。法西斯運動的支持者，從來都不只是法西斯主義者：他們也同時是母親、父親、天主教徒、無神論者、勞工、資本家，諸如此類。我們的定義再細緻，也無法解釋某場法西斯運動的歷史。既是真實的人，其行事處世就不可能只取決於其法西斯的身分，當然也不會依照我們的定義過自己的生活。

究竟我們的定義應該包含哪些法西斯的「案例」，這又是一個問題。有些學者主張我們的定義只應涵及義大利的元祖個案。這樣的做法顯然比較簡單，但義大利的法西斯運動、以及由其衍生的政權皆異常混雜，論者還是得設法從各種各樣的特徵中抓出重點。另一些論者則認為，我們的定義必須涵蓋義大利法西斯和德國納粹這兩大「典範案例」。可是為何我們要視納粹主義為典範，卻忽略像羅馬尼亞鐵衛團[14]或西班牙長槍黨[15]這樣的個案？如此不過再一次印證，定義乃抉擇的產物。我們包含的個案愈多，它們之間的共通處就愈少，我們的定義就會變得愈空泛，被貶為「次要」的奇怪事實也會愈來愈多。

亦因如此，有些論者會認為納粹並不算是法西斯主義，他們認為應當把納粹主義與共產主義歸為同類，畢竟兩者都算是「極權主義」。但選擇如此的分類方式，不過是隨意地著重納粹主義和共產主義某些共有的統治手法，卻對兩者南轅北轍的觀點——比如說對私有產權的態度——置之不理。

讀者也許能合理地質疑筆者何以還要浪費筆墨：畢竟這本書未能提出一個決斷的定義，好讓讀者能按圖索驥，得以辨認和理解法西斯主義。筆者寄望讀者能有耐性繼續讀下去：我們雖無法精準定義法西斯，卻不代表我們無話可

---

14 鐵衛團是羅馬尼亞的法西斯組織，在一九三〇年至一九四一年間成為一支主要的社會和政治力量。一九二七年，科德里亞努（Corneliu Zelea Codreanu, 1899- 1938）創立了天使長邁克爾軍團，信仰羅馬尼亞正教會，致力於「基督教和種族」改造，傳播反猶太主義和民族主義。多次遭政府禁令轉為地下，旋又在鬥爭中勝出，一九四〇年在出身鐵衛團的安東內斯庫（Ion Antonescu）主政時入閣，最終與安東內斯庫在爭奪政權的戰鬥中失敗覆滅。

15 長槍黨是西班牙前獨裁首相普里莫・德里維拉之子何塞（José Antonio Primo de Rivera, 1903-1936）於一九三三年創立，受義大利法西斯主義影響，屬極端民族主義政團，反對共和憲法、政黨政治、資本主義、馬克思主義等，後與其他志同道合的團體結盟，佛朗哥為該聯盟組織領袖。

說、也不代表法西斯只是觀點和角度的問題。我們懷疑定義，也不代表我們能夠丟棄定義。讀者期待書中提出自己的定義，這是合理不過的期望：而筆者也確實這麼做。但讀者必須留意：這裡提供的定義，歸根究柢只是一種選擇。這種選擇，也是出於偶然而非必然。本書會介紹那些自稱為法西斯、或是被政敵和學者稱為法西斯的政治運動：因為筆者思疑讀者們會對這些運動或政權感到好奇，並期望得知它們是否真的與法西斯相類。筆者不打算宣稱這些運動都有共通之處，或是有相近的核心內容、或是有類近的發展動力。換句話說，筆者**把法西斯主義當成有用的標籤，並意識到這個詞彙包含各種各樣的含義**。

雖然我們選擇討論題目的方式，確實是取決於一己之偏好，可是這種做法不一定會造成困擾：關鍵是我們要清楚明白，究竟自己的定義有何長處、又會面對怎樣的限制（學者往往對後者諱莫如深）。前文論及各種關於法西斯主義的定義，都能告知我們部分的真相。而且，每一種定義與別的定義往往不無相通之處，縱使各種定義的倡導者並不作如是觀，但沒有任何定義——包括那些兼備各家之長的定義——能道明所有的真相。我們無法知道，未來會有人對法西斯現象提出什麼新問題（比如，女性在法西斯運動的角色一度無人深究，也無人對法西斯與環境的關係感到好奇）。法西斯既是龐雜多元，也就無法一言而盡。

話雖如此，比起其他政治運動，法西斯並不特別混雜含糊。只是法西斯特別容易受困於定義上的問題。論及「社會主義」或「自由主義」時，我們都可以理解這兩個詞彙在不同的處境、可以有不同的內容。這兩種意識形態，都可以與別的意識形態有所重疊，而它們的行動者，對其意識形態的基本理解，可以南轅北轍。在政治場域中，亦常見關乎誰人是否「真社會主義者」或「真自由主義者」的爭論。其他的政黨，不是也經常會為誰人代表「真正價值」、誰人「背信棄義」而鬧得水火不容嗎？問題的重點是：我們難以揣摩政治標籤的終極含義，但這些標籤如何在特定處境下得以運用、對被描述的當事人又有甚麼意義，卻是較易探討的問題。比如我們可以追問：當墨索里尼提及法西斯主義時，他想說的甚麼？他對法西斯主義的看法，曾經改變過嗎？若是曾有改變，又是因為什麼緣故？他與其他法西斯主義者又有什麼分別？

法西斯主義與其他概念的唯一分別，在於這個詞彙包含極其負面的道德指控。當然，世上還有其他可以羞辱人的標籤——比如「自由派」在美國可以有負面的含義；不過也不乏會正面看待這類標籤的人。可是法西斯這個標籤卻完全是另一回事：很少人會對此甘之如飴。這個詞語已是種嚴厲的指控，很容易使人聲名狼藉，論者亦因而樂於用來打擊對手。政客和記者都喜歡運用定義貶損人：像法西斯這樣的概念，確是再適合不過。除此以外，這種罵人的定義若能顯得「客觀」或「科學」，也會變得更具殺傷力。是以這些論者往往會邀請學者作出仲裁。那些資歷豐富的學者，亦熱中回應此等訴求：畢竟他們大多把構建確實的定義視為主要使命之一。可是筆者認為與一般人相比，學者並不特別有資格去斷定何為「真正的法西斯」——他們無法提出一個學界廣泛接受的定義，也正好能說明這一點。只要學者被捲進這種不可能的任務，就會像政客和記者那般，為爭論何為法西斯而陷入誰也無法說服誰的泥沼（事實上，他們往往也不會迴避論戰）。

不過若是要探討政治標籤在特定處境下的操作、研究這些標籤如何被運用、或是探究其對當事人的意義，學者的裝備毫無疑問是比較妥善。在這種情況下，我們也不得不運用法西斯這個概念去認識歷史：雖然我們知道法西斯是個無法定義的概念，可是當事人卻會認為法西斯之存在千真萬確：他們對法西斯的認知既塑造其對事物之觀點，也影響著群體之間的回應。是以我們與其徒勞地爭辯納粹主義是否是一種法西斯主義，倒不如探究納粹主義者如何運用或抗拒這個標籤、觀察他們如何理解義大利的法西斯政權、看看他們從義大利的法西斯學到些甚麼、同時瞭解他們如何把法西斯經驗與其他理念或政治實踐融為一體。

著重「法西斯」一語的當代應用，並不代表我們不能按自己的概念理解法西斯，前題是我們必須知道自己在做什麼。筆者理解大家都想知道現時的政治運動，究竟與昔日的法西斯運動有多相似，而筆者亦會就此展開討論。可是我們也不能忘記，我們正在應用自己定義的分類方式、也只能按此列舉各種異同之處——我們無法斷定現時的各種政治運動，是否是某種深層次意義下的法西斯主義。我們亦必須明白，我們無法透過分門別類理解想要研究的政治運動：

因為不同的分類定義，都會顯示不同的結果。

第二章　前期法西斯主義？

法國，艾格莫爾特，一八九三年

十九世紀末，法國地中海海岸的鹽場大多仍未機械化，因此搬運鹽堆是極其勞累的苦差事。在八月的艷陽下，工人在木板路上推著一車又一車沉重的鹽，一直推上高聳的鹽山。產鹽的工作受限於季節，做工的也難免是困苦流離的人：由於法國勞工短缺，鹽場工人因此多是來自義大利的移民。

一八九三年八月十六日，在艾格莫爾特的鹽場流傳著這樣的謠言：有三位法國勞工慘遭義大利人的毒手。可憐的移民，就此慘成獵巫的對象。翌日早上，警方幾乎把所有義大利人一網打盡，並把他們押送到火車站。途中這些惶恐的移民工遭到法國人野蠻的攻擊，至少有六個義大利人死在路上、後來還有兩位在別的地方遇害。最終，義大利人都得往中世紀的康士堤碉樓避難。而隨後兩日在鹽田慘遭毒手的義大利人，雖默默無名，卻也不計其數。

在這段時期，法國人與移民工的暴力毆鬥屢見不鮮，只是大多沒有鬧出人命。即使政治傾向不同的法國人，普遍都仇視外籍勞工：在艾格莫爾特，其中一隊法國勞工前面搖著的是（代表社會主義的）紅旗。不過在這場屠殺背後，卻潛藏一股新興的力量。

無獨有偶，莫里斯・巴雷斯[1]這位被部分論者視為法西斯之父的作家，他在一八九〇年出版的小說《貝麗妮絲的花園》正好以艾格莫爾特為背景，而康士堤碉樓則成為一種新興另類國族主義的象徵。巴雷斯反對自由民主的國族觀：這些主流觀點，認為法蘭西國族就是法國（男性）住民理性權益的彰顯。他反倒主張國族乃源自超乎常人想像的屬靈體驗。這種想法之所以會出現，一方面是受集體潛意識這個時髦的心理學概念啟發，一方面也受到文學象徵主義的影響：這場文學運動，主張人類行為背後都潛藏著來自神話傳說的力量，而藝術則能夠把這股神祕力量釋放出來。巴雷斯認為國族是歷史和傳統的產物，源自法國農民一直以來與國土的親近。《貝麗妮絲的花園》內的英雄站在康士堤碉樓之頂端，看見法國郊野的壯麗景色；他與法國中世紀的往事神交，得悉自己身為個體「不過是這宏偉國度的一顆小塵埃」。巴雷斯的英雄，與法國國土渾然一體：而移民卻永遠不能如此。

也許巴雷斯只不過是位自戀的藝術家，自以為掌握著通往人類靈魂深處的鑰匙，在他的文字當中，確實充斥著這類狂妄之言。然而巴雷斯的作為卻不止於此。一八八九年他追隨布朗熱將軍[2]，取得代表南錫東部的國會議席；布

1 莫里斯．巴雷斯（Maurice Barrès, 1862-1923），法國作家和政治家，被視為法國民族主義主要思想家之一，一八八九年當選眾議院議員，晚年回歸天主教信仰。

2 布朗熱（Georges Ernest Jean-Marie Boulanger, 1837-1891），法國將軍、政治家，一八八六年出任戰爭部長，被視為共和派，鼓吹民族主義，主張收復普法戰爭的失地——亞爾薩斯與洛林，利用法國民眾的反德民族主義情緒和對自己的高度支持，對法蘭西第三共和國造成威脅。後身敗名裂，自殺身亡。

朗熱是位從政的軍人，他宣稱要掃除法國的腐敗政客。除此之外，巴雷斯的競選過程，也利用了南錫市民的反猶情緒。此時他愈來愈相信自己那一套國族主義，認為那是解決一切問題的萬靈丹。在艾格莫爾特屠殺之前那幾個星期，巴雷斯大剌剌地撰寫一連串以「反對外國人」為題的文章，並投稿到《費加洛報》。在文章出版之時，義大利和法國的關係剛好陷入低潮，而義大利移民亦因而被視為潛在的內應。雖然巴雷斯並未直接參與艾格莫爾特的暴行，他的小說和政治評論，卻把流行的排外主義與法西斯主義的思想根源連在一起。到了一八九八年，巴雷斯甚至開始自稱為「國家社會主義者」。

上述的事情迫使我們思索法西斯主義的根源問題。我們甚至要追問，在本書討論的法西斯主義出現之前，是否早就有別的法西斯存在過。誠然，有些在一九二二年之前發生的社會運動，確實和法西斯比較相似。可是，對於艾格莫爾特屠殺加害者的政治偏好，我們卻所知不詳。巴雷斯和法西斯之間的關係，亦不算簡單直接。他的反猶思想和國家社會主義，比較貼近希特勒而非墨索里尼。而巴雷斯本人後來亦倒向傳統的保守主義，在一次大戰爆發後，他甚至歌頌猶太裔士兵的愛國熱情。

從何說起？

觀乎上一章關於如何定義法西斯的討論，要為法西斯追本溯源，絕非簡單的任務。我們不要忘記，任何對「法西斯」的定義，都是從各種可能之中挑出來的抉擇。假設我們將法西斯和納粹都同樣歸類為極權主義，那就無可避免也要去捕捉共產主義的前世今生，如此就會得出一個非常不同的故事。

其次，如果我們把故事從義大利法西斯運動的創立講起，那又會是另一個抉擇。事實上，我們若要從納粹主義講起、並探究義大利法西斯是否其前身，如此也是另一條合理的進路。我們也可以選擇從巴雷斯講起，把他視為「典範案例」。這樣的選擇，會促使我們把法西斯和納粹，都視為巴雷斯式國家社會主義的變種。

除此之外，法西斯語言當中的各種術語，其重要程度和實際影響在不同處境下皆大異其趣，而人們之所以參加法西斯運動，背後亦有各式各樣不同的動機。如此法西斯主義就不可能有單一的源頭。這樣一來，若是把法西斯和納粹視為義大利和德國「國家傳統」或「國民心理」的延伸，或是把兩者視為對「近代化」帶來的強大張力之回應，也是合理的觀點。

與其追尋法西斯主義的淵源，我們倒不如去理解義大利在一九一九至一九二二年間的特殊處境。在這段時期，法西斯黨員為回歸政壇爭權、開拓發展空間、力戰競爭對手而奔走。為求達成目標，他們借用身邊的傳統文化和思想資源——比如束棒這個概念——並將之轉化成新事物。他們在海外的仰慕者，也會按圖索驥做同一款的事：他們會選擇地運用法西斯理念，再揉合其他的參考物，構建一套原創而具爭議的新概念。筆者將會在這一章檢視義大利法西斯和德國納粹都運用過的思想資源。不過對相關事實的搜集，則無可避免會受惠於後見之明。

至於本章的其他敍述，亦有同樣需要提防的限制。筆者將會把一些較早期的政治運動和意識形態，用來與法西斯和納粹比較，並突顯這些早期現象與後者相若的特徵。雖然兩者有其相似之處，我們卻不能說早期現象「導致」法西斯的出現。我們也不能說法西斯是股早就存在的潛在勢力，說他們一直在靜待時機，準備發展成群眾運動或奪取政權。早期現象看起來就像法西斯的前身，我們卻不應為表象所蒙蔽：折衷與矛盾，正好是任何意識形態的本質，是以任何兩個意識形態之間必有其相似之處。我們若比較法西斯與早期的政治運動，也必定能發現某種異同。

在此必須強調，法西斯主義會汲取源自政治光譜各處的理念，並將之轉化為自己的主張[3]。亦因如此，法西斯主義的定義會備受爭議、法西斯主義者之間也同樣會爭論不休。歐洲諸國（以及更遠的地方）之間的理念、經濟、社會和政治實踐也往往糾纏不清，是以我們也無法把個別國家分別看待。任何的政治運動，不管是在那一個國家、也不論是左翼還是右翼，都無法只從單一國家汲取思想資源。大部分十九世紀的理念都曾對法西斯主義有一定的影響，但

3〔譯註〕根據武俠小說的術語，法西斯主義者懂得運用吸星大法。

是它們在本質上卻都不算是前期法西斯——即使那些看似法西斯的理念亦是如此。

法西斯出現的條件

相似不代表等同：十九世紀末那些如今被學者歸類為「極右」的政治運動，同樣也是如此。這些政治運動，包括泛德意志同盟、法國的愛國者同盟、義大利國族主義者協會，諸如此類。當時尚未有人會用極右這個標籤，這些林林總總的運動也沒有把自己歸為同類。與此相反，這些運動都相信國族是、或理當是獨一無二的，他們汲汲以求的目標，或是左右本國政府之政策、或是要奪取國家的政權。即或如此，影響極右運動的知識、政治、社會和經濟發展，往往都是超越國界的力量，在某些層面甚至也超乎左右之分。這些運動都以相似的方式、應對相若的壓力，卻又會改造那些共通的理念，為一己需求將之揉合成獨特的思想。

讓我們先討論法西斯主義的知識根源。倘若我們把法西斯簡化為一種政治宗教，這樣就可以追溯到宗教改革的時代、甚至是更久遠的古典時代：當時的極端教派，既不寬容、亦反自由，又仰望救主降世，心態就像後來部分的法西斯主義者。但其他宗教史上的趨勢，比如堅持以理性事奉信仰的經院哲學，亦同樣對法西斯產生影響。

十八世紀的啟蒙運動也許是另一個源頭，但這個傳承關係同樣也是一言難盡。啟蒙思想認為社會之組織運作毋須倚賴傳統，但可以按普遍原則為社會繪製藍圖：法西斯主義亦受益於這種想法。受傅柯啟發的歷史學家，有時會把法西斯對規畫、醫療化、和人口量化的執迷，歸因於啟蒙時代的科學。啟蒙思想家尚—雅克・盧梭認為，要以普遍理念——也就是公共意志或「總意志」——規範社會的主張，亦同樣影響深遠。法國大革命在一七九三年步向恐怖統治時代，比一眾革命黨還要革命的雅各賓黨借用「總意志」的觀念，肯定暴力為達成平等社會的手段，又主張肅清反對其計畫的論敵。他們準備好要強制民眾去享受自由。

不過法西斯主義亦同樣受惠於反啟蒙的思想家：這些思想家以國家傳統否定普遍原則，就像德國的約翰・赫德[4]那般。約瑟夫・德・邁斯特[5]一類的法國反革命人士，主張「自然」的社群——即國族、職業和家庭——比個人的人權更為重要。反啟蒙哲學為十九世紀的浪漫主義打上深刻的烙印：浪漫主義摒棄理性，偏好崇敬大自然，要以藝術家的天賦抵抗大眾的平庸。

另一些人則將目光放得較近，認為極右興起的時代瀰漫著「抵抗理性」的氛圍：他們認為對理性的否定，乃十九世紀末的時代精神。不少世紀末思想家既反對理性主義，也反對其衍生的思潮：也就是自由主義、社會主義、唯物主義和個人主義。他們拒絕把歷史視為進步的過程，反倒悲觀地認為衰敗近在眼前，為此不得不勉力奮鬥。法西斯主義者呼喚救世的菁英，期盼能拯救國家免於衰敗，使其能於灰燼中浴火重生：這正好是世紀末情懷的展現。浪漫主義在德國發展成多股心靈主義的思潮，並塑造出德國的「民族」（Volk）觀：根據這種思維，民眾乃一群道德觀念、社會價值一致，並由父系血緣、族群文化和語言界定的社群。巴雷斯對理性共和主義的攻擊，也是基於對祖先和土地的崇拜。

論及法西斯主義的啟導者，我們不得不提及研究群眾心理學的法國理論家古斯塔夫・勒邦[6]：他認為不理性的烏合之眾可被煽動家所操控。墨索里尼和希特勒都引用過勒邦的著作，可是勒邦本人卻偏向保守主義，而左派也像極右那般深受其理論吸引。喬治・索雷爾[7]依著勒邦的套路，認為群眾容易被神話

---

4 約翰・赫德（Johanne Gottfried von Herder, 1744-1803），德國評論家、神學家和哲學家，狂飆文學運動的領導人物，對歷史文化哲學亦有創新。他對歌德的影響，使他成為浪漫主義運動的先驅。

5 約瑟夫・德・邁斯特（Joseph de Maistre, 1753-1821），法國作家、哲學家、外交官。一七八七年起擔任薩沃伊參議員，法國大革命後成為保守傳統的代表，認為君主制是神聖認可的制度，也是唯一穩定的政府形式。

6 古斯塔夫・勒邦（Gustave Le Bon, 1841-1931）法國社會心理學家，一八九四年出版 *The Psychology of Peoples*，認為歷史是種族或民族性格的產物，情感而非智力是社會進化的主導力量；翌年出版的《烏合之眾》*The Crowd: A Study of the Popular Mind* 是群眾心理學領域的開創性作品，在群體中，個體的人性會湮沒、獨立的思考能力也會喪失，群體的精神會取代個體的精神。

7 喬治・索雷爾（Georges Sorel, 1847-1922）法國哲學家，工團主義革命派理論家。其哲學結合了柏格森和尼采的思想，認為理性受制於感性，通過動員非理性力量進行暴力革命，是實現社會主義的唯一方式。

和暴力打動，其理論亦為墨索里尼所引用。加埃塔諾．莫斯卡[8]和維爾弗雷多．帕雷多[9]這兩位義大利政治學家，則同樣強調武力有助政治菁英的存續。德國哲學家尼采則相信普遍主義有損對強者的尊崇：他期望承擔命運的人能創建更著重心靈的社群，可是他的理論既矛盾又折衷。學界對這些主要思想家究竟在那種程度上算是早期的法西斯，始終無法達成一致的見解。他們唯一的共識是認為，這些哲人的思想都遭早期法西斯主義者運用或誤用。

事實上我們也不能說法西斯的根源，純粹是對理性的反撲。與此相反，前述的思想家都認為神話、菁英和群眾，皆可按普遍的科學原則加以研究。比如勒邦就誤用演化科學，認為菁英之所以能超越群眾，是因為演化和天擇使他們能擁有理智。亦因如此，菁英能運用社會科學理解群眾何以熱情，從而引導他們安全地走向國族主義的方向。按當代標準而言，具種族主義面向的優生學社會計畫毫無疑問是科學的：雖然對我們來說，這大多只能算是偽科學。

查爾斯．達爾文的適者生存論至今仍為科學之準繩，可是若要應用來解釋社會，其成效卻啟人疑竇。社會達爾文主義者擔心近代社會安穩的生活、再輔以濟貧的措施，將會容讓弱者生存，從而敗壞社會。為此他們鼓吹「優生學」，主張採用替弱者絕育等「消極」措施，及／或推動鼓勵健康人士生育的「積極」改革。有些社會達爾文主義者，則認為唯有強勢領袖方能使群眾不會墮落成十九世紀末的御宅族。社會達爾文主義者亦相信，國族國家之間的霸權之爭無可避免，有時甚至會覺得個人得失與國家興亡相比只算微不足道。

社會達爾文主義也會與更為可疑的種族「科學」聯丁。法國君主主義者戈比諾伯爵[10]在一八五三年發表的〈人種不平等論〉起初備受冷落，卻於一八九〇年代起被廣為傳閱。作曲家理察・華格納是其中一位忠實讀者，他將反猶主義、

8 加埃塔諾・莫斯卡（Gaetana Mosca, 1858-1941），義大利法學家和政治理論家，將歷史方法應用於政治思想和制度，闡述所有社會中的統治少數（政治階級）的概念，以發展菁英主義理論和政治階級學說而知名。

9 維爾弗雷多・帕雷多（Vilfredo Pareto, 1848-1923），義大利經濟學家和社會學家，以其有關大眾和菁英互動的理論以及將數學應用於經濟分析而聞名。

10 戈比諾伯爵（Count Gobineau, Arthur de Gobineau, 1816-1882）法國外交官、作家、民族學家和社會思想家，其種族決定論對西歐種族主義理論和實踐產生巨大影響。

去除「猶太成分」的日耳曼基督教和異教信仰[11]融為一體，創作出一套理想化的日耳曼神話。他的女婿休斯頓．張伯倫[12]則為這套神話加上社會達爾文主義和種族主義的元素。希特勒仰慕張伯倫，而華格納那種活在勝利與死亡之間的夢想，亦教他魂牽夢縈。即或如此，希特勒始終否認納粹主義是種宗教——他有些演說，聽起來像是要嘲諷「科學社會主義者」（馬克思主義者）那些過分嚴肅的教條。

種族主義乃帝國主義的必要元素。非洲及大部分的亞洲，在一八八〇及一八九〇年代遭列強瓜分後，國際競爭日趨激烈、種族主義亦趁勢而起。義大利、德國和法國的國族主義者，都認為自己的帝國未取得應有的成就。對英國的極端國家主義者來說，維持其過分擴張的帝國則事關重大。歐洲強權都以種族科學為由，肯定他們對非歐裔「低等」族群的轄制，放縱自己隨心所欲地蔑視法治。他們對原住民的清洗，為後來的猶太人大屠殺開了先例。

這樣的時代氛圍會誘使我們輕率地將之與法西斯扯上關係。可是法西斯主義卻只是時局發展的其中一個可能，墨索里尼的種族主義也與希特勒那套大異其趣。以上論及的各種思潮，也以其他方式為溫和保守派和左派所運用。英國保守派學者法蘭西斯．高爾頓[13]，與其左傾的學生卡爾．皮爾森一起發明了優生學。極右思想衍生自各種各樣不同的思潮，包括神祕主義和科學主義、傳統主義和近代主義、理性和反理性，這些思想源流也跨越了政治和國家的分界。

我們若要明瞭何以極右會體現這些理念，就必須留意時代的處境。在這段時期，正好也是各種近代學科於大學崛起之時：比如歷史學[14]、社會學、政治學、物理學、生物學、文本鑑定學等。分門別類的專業研究，使那些聲稱自己

11〔譯註〕基督教傳入前的日耳曼多神信仰。

12 休斯頓．張伯倫（Houston Stewart Chamberlain, 1855-1927）英國出生的親德政治哲學家，他倡導所謂的雅利安元素在歐洲文化中優勢，影響泛德和德國民族主義思想，尤其是希特勒的國家社會主義運動。一九〇八與華格納的女兒結婚。

13 法蘭西斯．高爾頓（Francis Galton, 1822-1911）英國探險家、人類學家和優生學家，以其對人類智力的開創性研究而聞名。優生學 Eugenics 一詞最早見於高爾頓的著作，英文乃源自希臘文的 eugenes，字義是「良好」跟「生殖」，其假設是認定人身上的特質會遺傳的情況下，想經由基因的改造而生出更優良的下一代。

14〔譯註〕歷史學雖古已有之，卻要到十九世紀才與文學、民俗學、哲學等分家，成為獨立的學科。

涉獵好幾門學科的老學究和業餘文人淪為明日黃花。律師和醫生過往曾主導各大學院系，又特別喜歡炫耀自己博學多才，就受到前述各種種族主義、優生學、心理學和歷史學的理念吸引。這兩種職業的人在極右圈子極為普遍：他們宣稱自己受過的專業訓練，有助他們診斷各種政治和社會問題。

那些多才多藝的人，時常抱怨自己不為專門專職的學者重視，希望能在政壇拾回失落的成就。他們有些投向激進左翼（受過法學訓練的列寧乃典型的通才），有些則加入左右兩翼的溫和政黨。剩下的一群則偏好極右派。巴雷斯解釋自己之所以參政，是因為共和國建制拒絕紀念某位如今已名不經傳的種族理論家。極右既是嫉妒專才，又擔心各專業的職位將會被猶太人和女性所占據。醫生和律師把優生學理論奉為圭臬，相信此等理論容許他們去扮演上帝的角色。即使是學術專才，也未能對偽科學和國族主義免疫。問題的重點在於，有些人相信可以透過科學原理改造社會，他們傾向訴諸政治行動，有時甚至會投靠極右。

社會科學家和政治學家，則喜歡以群眾心理學和種族因素理解民主化進程——也就是令人畏懼的「群眾時代」。不論是進步的法國、還是專制的俄國，選舉權的擴展乃一九一四年之前的歐洲大勢（只是婦女選舉權仍極其罕見）。公眾對選舉益發重視，群眾政黨、國族主義政黨、社會主義政黨、天主教政黨和農民政黨皆如雨後春筍般冒出，伴隨而來的，則有眾多的單一議題組織，比如是素食團體、工會、婦女組織和殖民主義遊說群體。而諸如打字機、鐵路和電報一類的科技創新，亦有助促進遍及全國的常設政治組織。對社會科學家來說，他們必須解決「群眾興起」這樣的問題，並為延續菁英統治謀出路。

極右派的出現是群眾政治促成的結果，但他們本身卻是一股嘗試限制群眾政治的勢力。極右意圖在群眾政治的領域與政敵競爭：為此他們把國家置於階級或宗教之上、以壓制手段對付對手、又重新詮釋某些抄襲過往的左翼政策。我們若要理解極右，就不得不正視這堆也許自相矛盾的政治目標。

極右派的政治淵源

就讓我們從國族主義談起。一直以來，國族主義大體上乃一股左傾的力量：他們主張「自決」的民權，也奉民主之名挑戰沙俄帝國、哈布斯堡帝國、和大英帝國這類多民族帝國。國族主義主張普遍的公義，可是他們也不時會訴諸浪漫主義：這類浪漫國族主義，有時會引致不民主的結果。浪漫國族主義要求國民以近乎神祕的方式，宣示對國族理念的肯定；而這種國族主義的信條，往往主張國民皆擁有共同的種族根源，與其他種族也有著根本上的差異[15]。

極右勢力在那些剛由國族主義者建構的新興國家勢力龐大——特別是在德國和義大利。這些國家的政府透過教育、語言規範、徵兵、以及對超國家教會的壓抑，矢志將屬民轉化為國民。然而極端分子卻認為政府仍然不夠努力。極右在法國也相當強勢：這個古老的國家，在一八七〇年成為新興的共和政體。法國政府想把農民人口轉化為法國人，也想排除羅馬大公教會的影響力，而且亦面臨激進國族主義者的挑戰。在這些國家，建構國族共同體的努力，又激起爭奪工作和其他福利的競爭——就像在艾格莫爾特的鹽場那樣。在統治民族被分離主義挑戰的國家，亦會看到極右運動的興起。在奧匈帝國的奧地利地區，主流的日耳曼人認為國家已對捷克人和波蘭人作出太多讓步。在一九〇五年俄國革命後興起的極端國族主義運動——黑色百人團[16]，則同時與分離主義者和社會主義者對抗。

極右與社會主義之間卻有種複雜的關係。反馬克思主義工會、匠師公會、農民聯盟和商會這類反社會主義組織之興起，往往與國族主義運動息息相關。可是在另一方面，社會主義和國族主義之間也有潛在的共通點。在十九世紀的

15〔譯註〕國族主義的理念，歸根究柢就是主權屬民的原則。這種賦權於民的思潮能使無力者變得有力，因此容易激發浪漫主義的想像。國族主義之發展，若是能夠守住還政於民的初心，就會演化為公民國族主義。可是國族主義者若囿於浪漫主義情懷，將國族想像成種族純粹、文化單一的群體，那就會變成族裔國族主義。大部分國族主義，多徘徊在這兩種理念型之間，並偏向其中一邊。而極右派和法西斯主義者的國族主義，則多偏向族裔國族主義。

16 黑色百人團（Black Hundreds）是由地主富農、官僚、商人、警察和神職人員組成的反革命和反猶太主義的團體。

大部分時間，社會主義者大都同時是國族主義者：他們認同自己是民眾和國族的代言人，並與「世界主義」的資本家和貴族對抗。社會主義者亦融入廣義的激進傳統：這些傳統很少支持女權，有時甚至會傾向排外。這股主張親疏有別的暗流，其反馬克思傾向到十九世紀末日益顯著：這是因為馬克思主義者強調國際主義而非國族主義，也只關心工廠的工人，未有看重全體民眾。女性主義的興起，使社會主義者出現隱含的厭女情緒。而部分社會主義者，亦因而離棄左翼投奔右翼。

即使是正統派的社會主義者，亦未能抗拒極右的誘惑。馬克思主義的正統教條認為，在無產階級能取得勝利之前，資產階級民主的革命不得不先修成正果。由於義大利尚未能實踐民主，該國部分社會主義者認為可以透過國族主義的力量爭取民主，從而滿足引發社會主義革命的先決條件（這也是墨索尼里主張義大利參戰的原因之一）。在另一些國家的部分社會主義者則認為，其政黨已流於官僚主義，因而想從另類手法促成革命。變節的社會主義者在極右運動內並不常見，在德國極右圈子內更是杳然無蹤。不過極右運動及其後的法西斯主義，都曾嘗試重新詮釋社會主義的理念，藉此促成勞工與國族的調和。

我們亦必須思索女性主義的興起，如何影響著極右運動。女性主義在美洲、斯堪地那維亞、英國至為強勢，而大部分歐洲國家或多或少都有女性主義者的身影。一八九〇年代，女性主義者開始高呼要加入各種專業，而在隨後十年則改為關注投票權的問題。而極右運動則領導著男性的逆襲。可是此時極右同樣也尋求宗教團體的奧援，而傳統上女性在這些團體一直擔綱重要的角色。除此之外，極右亦從社會主義圈子吸收新血，這些新加入的成員亦有一些是女性。一如以往，極右在嘗試回應挑戰時，除了會採用壓制的手段，也會去重新詮釋對手的理念。

保守主義者也同樣受極右運動所吸引——英國的保守主義者曾為阻止愛爾蘭自治而與愛德華．卡森[17]的阿爾斯特義勇軍合謀、普魯士的容克貴族[18]創立

17 愛德華．卡森（Edward Carson, 1854-1935），律師和政治家，成功帶領反對整個愛爾蘭的地方自治計畫，領導準軍事阿爾斯特志願軍（Ulster Volunteer Force），最終成功確保北愛爾蘭仍然是聯邦的一部分。（阿爾斯特即今日北愛爾蘭）

了農業聯盟[19]、法國保皇黨則在德雷弗斯事件[20]爆發時資助反猶聯盟。即使是自由派，也未有全心全意反對極右運動：他們認為講究平等的群眾社會，會威脅到論功行賞的等級制度。他們認為市場的特徵有如達爾文的學說，都講究競爭求存，為求成全「經濟」的美善，他們默許市場對生命的殘害。義大利的自由派學者維爾弗雷多・帕雷多——墨索里尼也許修過他的課——相信菁英不應讓人道主義的婦人之仁妨礙他們與社會主義的鬥爭。除此之外，他亦認為國族主義有助動員群眾促進公益。

保守派和自由派的菁英和極右一樣，都仇視女性主義、社會主義和少數族群。可是他們亦準備好要向其政敵妥協：他們相信「群眾的興起」無可避免，要麼是妥協、要麼是自絕於政壇。因而儘管極右的取態趨向極端，這些菁英還是要參與其中：他們期望能把深化民主的訴求，轉化成較易接受的全國群眾運動。

不過有些極右運動家卻有別的想法。他們不相信有權有勢的菁英能捍衛國家利益：畢竟政府怕激起急躁的情緒，在國家議題上的確會保持低調。極右運動高呼政府要更敏銳地回應民眾的需求。在德國，他們譴責「宮廷的繁文縟節」[21]，要求「提高國族全體的地位，就國事進行諮詢、開放參與」——此話卻諷刺地出自強人領袖之口。在德國、法國和義大利的鄉郊，（曾被視為建制中流砥柱的）牧師和神父則在煽動農民。極右運動以自己的方法，嘗試把保守政治「民主化」。

18 容克（Junker），普魯士和德意志東部地區的地主貴族成員，在德意志帝國（一八七一—一九一八）和威瑪共和國（一九一九—一九三三）統治下有大量政治權力。俾斯麥是容克最著名的成員。在政治上，容克代表極端保守主義、支持君主制和軍事傳統以及農業保護主義政策。

19 農業聯盟（Burd Der Landwirte），一八九三年在德意志帝國下活躍的議會外組織。成立目的為對抗自由貿易政策，該聯盟致力於農民補貼，進口關稅和最低價格。一九〇〇年，農業聯盟的成員已增加到廿五萬人，很大程度上代表了保守黨地主階級的經濟利益。

20 德雷弗斯事件（Dreyfus Affaire），法國第三共和時期的政治危機。一八九四年猶太陸軍上尉德雷弗斯被控叛國罪，一八九八年初，名作家左拉投書支持屈里弗斯之清白，有罪無罪的爭議激起法國社會大改造，直到一九〇六年七月德雷弗斯獲得平反。

21〔譯註〕「宮廷的繁文縟節」原文為Byzantinism，意指繁複的專制政治，看起來就如昔日的拜占庭帝國／東羅馬帝國。

這樣說來，極右運動就不只是極端國家主義和社會失範的結果。在日常生活中謀求工作機會、財務報酬、教育成就和政治榮譽的競爭，正好就是極右主義的根源，他們競爭的對手，則是社會主義者、少數族裔、女性主義者和自由主義者。國族建構和帝國主義，再加上意欲改善種族質素和效率的渴求，則是這場競爭背後的處境。激進國族主義者因競爭的緣故，重新詮釋各種從政治光譜各端順手拈來的理念。這並不代表極右運動「不左不右」，畢竟就如下述案例所反映，他們在這段時期的特定處境中，較容易在右派而非左派那邊找到盟友和政治機遇。

這些案例在一九一四年之前的極右運動中，不過是冰山一角。比方說，我們很難斷定那場運動可算是史上首宗極右運動。這些運動都未有與法西斯主義完全吻合，而當中不少案例最終皆無以為繼。有些學者在義大利和德國找到法西斯的源頭，另一些卻不太令人信服地指出其法國淵源。也許三K黨是大戰之間最貼近某種法西斯主義的案例：在南北戰爭結束後不久，南方邦聯的退伍軍人畏於非裔美國人平權的前景，為此成立了三K黨。他們大概是第一批穿上制服的極右群體，既以暴力對待其種族敵人、又建立起某種有異於主流的權威，縱然他們欠缺法西斯主義的法團主義和帝國主義面向。

法國

無庸置疑，法國確曾為極右運動帶來合適的土壤。一八七〇年法國敗於德國之手，使其國族情懷受創，其後與英國爭霸的帝國主義競爭，則進一步在傷口上撒鹽。法國本來就因革命頻生而惡名昭彰，如今馬克思社會主義和革命工會運動，又似乎將要觸發另一場革命。「女性主義」一語，則於一八七二年開始在法國出現。共和派政府意欲按自由民主原則建立單一的世俗國族國家，可是他們一方面要應付天主教徒的反抗、另一方面又被認為統一大業尚未成功的人士挑戰。法國的農業和工業都仰賴外來勞工，如此卻觸動大眾的排外情緒，就像在艾格莫爾特那樣。

法國極右運動的興起，乃出自四種重要程度不一的趨勢：

- 君主主義者和天主教徒在選舉中屢被共和派擊敗，從而遭到邊緣化，也變得更加激進；
- 天主教民粹主義者亟欲抵抗世俗化，並從社會主義者手上奪取對無產階級的領導權；
- 國族主義者對政府似乎無意向德國復仇心懷不滿；
- 社會主義運動出現國族主義和民粹主義的側翼，巴雷斯曾試圖奪取其領導權。

社會上支持極右運動的人，有各式各樣的背景：比如是像反猶分子莫霈斯侯爵那樣的沒落貴族、對巴黎那些「猶太」百貨公司感到不滿的店東、或是在一九〇〇年代加入「黃色」工會[22]的排外勞工。

義大利

義大利於一八五九至一八七〇年間的統一進程，乃是由皮埃蒙特[23]及其法國盟友以軍事手段促成，而不是由大眾國族主義運動所推動。有些國族主義者甚至認為義大利從未真正達成統一。真正統治義大利的，乃一小撮（保守的）自由派。選舉只向少數人開放，而天主教徒亦拒絕參與其中：這是因為義大利的統一剝奪了教宗對中部的統治權。除此之外，一八九六年義大利軍隊於衣索比亞敗北、國會弊案叢生、北部勞工階級發起抗爭、南部貧農占領地主的土地、國王則於一九〇〇年遇刺喪生。

一九〇一年就任的進步自由派首相喬瓦尼．喬利蒂[24]認為，無法單靠鎮壓平定動亂，決意邀請溫和社會主義者和天主教徒共同執政。喬利蒂向「不愛國」的社會主義者示好，卻令國族主義者震怒：他們遂於一九一〇年組織義大利國

22〔譯註〕意指那些與雇主保持良好關係，並迴避抗爭的勞工團體。

23 皮埃蒙特（Piedmont, Piemonte），意大利西北部大區，一八五九年至一八六一年間義大利統一運動的發起地區。

24 喬瓦尼．喬利蒂（Giovanni Giolitti, 1842-1928）義大利政治家，五任首相，在他的領導下義大利繁榮昌盛。

族主義者協會[25]。這個組織得到大財團、行政人員和學者的支持，成員大多來自中產階層。這些中產成員有些是律師，但教師的角色卻特別明顯，當中包括了後來的法西斯哲學家喬凡尼・詹提勒。這場「打造」義大利人的鬥爭，就由教師們帶領。

國族主義者聯盟想要振興十九世紀愛國者馬志尼[26]的國族主義，卻過濾掉當中的自由人道主義，甚至反倒宣稱惟獨威權國家能促成國家統一。要達成統一，就要壓倒社會主義組織，讓工人加入忠於義大利國族的新興社團。國族主義者聯盟亦想透過戰爭重塑國族。義大利知識分子恩里科・柯蒂尼[27]呼籲「陰柔的」自由國際主義，必須讓路給「男性的」陽剛氣魄。他既不視戰爭為達成外交目標的手段，也不因市場和原材料而主戰：對柯蒂尼來說，戰爭乃透過愛國熱情的表達，將各階級融合為國族的過程。

國族主義者聯盟與革命工團主義的工會運動頗有契合之處。部分相信工團主義的知識人因為罷工運動屢戰屢敗，開始認為社會主義在當代義大利沒有實現的可能。他們相信在無產階級能夠奪權之前，必須先成立一個真正的國族國家，他們認同國族主義者的講法，覺得戰爭有助促成這樣的目標。不論如何，工團主義傾向信賴的是「民眾」，而不是無產階級。而最終，墨索里尼採用了工團主義的部分理念。

德國

與義大利的情況相若，德國也是在一八六六至一八七一年期間，動用普魯士軍隊的「上層」力量達成統一。執掌政權的乃菁英主義的保守國族主義者和右翼自由派，他們都反對天主教、社會主義和女性主義。

---

25 國族主義者協會，支持將義大利人居住、卻由奧地利人控制的土地歸還義大利，並主張與奧匈帝國開戰。一九二二年，他們也參加了進軍羅馬，在一九二三年併入法西斯黨。

26 馬志尼（Giuseppe Mazzini, 1805-1872），熱那亞的宣傳家和革命家，義大利統一運動的重要人物。

27 恩里科・柯蒂尼（Enrico Corradini, 1865-1931），義大利作家、記者和民族主義政治人物。他與幾位知識分子創辦了報紙，宣揚融入法西斯主義的民族主義。他參與一九一〇年義大利民族主義者協會的創立，也是領導人之一。

當時愈來愈多人認為德國尚未完全統一。朱利烏斯・朗邊[28]匿名出版的《教育家林布蘭》，乃人民民族（Völkische）[29]思想的典型案例——這種觀點，認為國族主義乃建基於民眾族裔身分的統一。朗邊相信林布蘭[30]這位來自荷蘭的大師，在種族上與他的國人同胞同樣是真正的日耳曼人，在他那本雜亂無章的著作中，他把林布蘭描述為德國新改革運動的導師。

朗邊是位典型的業餘通才——科學逐漸「消散」成各種專業，使他日益感傷。他主張要把科學和藝術結合，也要讓歷史反映靈性的真實，以取代那些味如嚼蠟的專業史學。他既呼喚當代的優生科學（他認為若把柏林的酒館都改換成澡堂，就能洗淨社會主義的「汙垢」），又歌頌英雄藝術家的神話：這位植根於人民（Volk）的英雄，將會完成政治上的統一，並帶來靈命的重生。

朗邊的新改革運動需要壓制政治上的分歧，復興「陽剛」（而且異端）的日耳曼基督教，同時也要把猶大人視為「毒藥」。朗邊這本書非常暢銷，即使是天主教徒，也對朗邊批判進步思潮甘之如飴：雖然他既褻瀆基督宗教、又以新教農民象徵德國。朗邊著作的銷量在一九二〇年代末又重新熾熱起來。就像其他極右那樣，他也預示納粹將會偏離亞洲和非洲的傳統帝國想像，而把目光放在於東歐的擴張。朗邊在此也套用了生存空間的概念。他主張德國必須建立能與美國、英國和俄國在經濟和軍事上匹敵的權力集團：為此朗邊的宏圖大計，就要在種族、社會和優生學等各範疇，以環環相扣的工程計畫改造德國。

有不少保守菁英都曾認真考慮極右的計畫。他們與極端國家主義者有共同的敵人，並加入「抵抗婦女解放聯盟」和「反社會民主帝國聯盟」這類組織。他們為求保衛物質上的利益，也會套用國族主義者的煽動修辭。他們贊助民粹、反猶、反社會主義的德國農業聯盟，以換取農民對保護主義關稅的支持，又支持東征協會鼓吹從東部波蘭裔人那邊奪取新農地。與激進國族主義者相

28 朱利烏斯．朗邊（Julius Langbehn, 1851-1907），德國民族浪漫主義藝術史學家和哲學家。

29 Völkisch 是源自 Volk（人民）的形容詞。Pfister-Schwaighusen (1836–1916) 致力清除德國語言和文化中的外國影響，建議將 völkisch 作為來自拉丁語 national 的替代詞。自十九世紀末以來，此詞語在日常語言、媒體和政治中具有意義，尤其是在納粹時代，它傳達出一種種族主義的人民觀念，其中包括反猶太主義。除了對右翼圈子之外，此詞通常具負面含義。

30〔譯註〕林布蘭（Rembrandt van Rijn, 1606-1669），十七世紀荷蘭黃金時代的畫家。

比，保守菁英偏好擴展在歐洲以外的帝國，商界利益、富有的專業人士和政府官員，都在支援泛德意志同盟和海軍同盟：他們相信殖民主義有助凝聚國家，並能為德國擴展市場。

大眾國族主義亦扮演著一定的角色。德國農業聯盟的其中一個基礎為農民組織。奧圖．波克爾[31]被譽為「農民之王」，他領導農民組織可算是某種典型：他們把遭遇的問題，都歸咎於猶太人、城市、神父、醫生、國家和貴族。在一八九三年的蒂沃利會議，德國保守黨為求平息黨內不滿，而將反猶主義寫進黨綱。當保守派政府於一八九六年推出海軍建設計畫，亦倚靠泛德意志同盟的政治宣傳。不過泛德意志同盟卻逾越政府能接受的界線，跑去攻擊天主教徒和英國人。一九〇二年，在海因里希．克拉斯[32]的領導下，泛德意志同盟的成員認為族裔與君主同為國族的根基。一九一三年克拉斯在〈如果我是凱撒〉內的綱領，高呼惟獨強勢領導能救德國。

俄國

在一九〇五年的革命期間，俄國保守派群起反抗社會主義和國土分離主義的崛起。俄國人民同盟——也就是知名的黑色百人團——獲得當局和沙皇的贊助，這是因為他們都把革命幻想成猶太人的陰謀。在政權的默許下，黑色百人團發動數以百計的反猶騷亂，期間有逾三千名猶太人慘遭毒手。雖然黑色百人團與舊右派勾結合謀，他們卻因沙皇在左派前顯得猶豫不決而感到震驚，因而希望能扶植「人民專制」的政權。

31 奧圖・波克爾（Otto Böckel, 1859-1923），德國政治家，他是成功操作反猶太主義作為該國政治問題的人之一。

32 海因里希・克拉斯（Heinrich Class, 1858-1953），德國右翼政治家、反猶太主義者和狂熱的種族主義者。一九〇八年到一九三九年擔任泛德聯盟主席。

英國

英國保守黨在一九一四年陷入嚴重的分裂，期間黨內有一小撮敢言的極端國家主義者。自由黨在一九〇六年的勝選、削弱上議院權力的改革、福利國家體制的建立、工黨的崛起、工潮和爭取女性投票權的抗爭此起彼伏，這一切都似乎是革命的前奏。通過《愛爾蘭自治法案》似乎預示著聯合王國的瓦解。阿爾斯特[33]對愛爾蘭自治的抵抗，使當地激進國族主義的聲勢日大，甚至獲得不少保守黨員的同情。另一些英國人則指責德國猶太裔的金融家在掠奪國家資源。在倫敦東城區[34]號稱有四萬五千名成員的兄弟聯盟，則襲擊那些逃避俄國排猶騷亂的猶太難民。

從極右演變成法西斯？

以上不完整的討論已顯示極右運動及其思潮皆甚為普遍。這些運動和思潮，雖然是法西斯主義追隨的模範，卻不是法西斯真正的前身。法西斯主義者並不會只從極右運動汲取靈感。極右運動在法國，比在義大利或德國來得強勢，可是該國的法西斯運動卻從未取得勝果。在一八九〇年代支持民粹農民團體的德國地區，於後來亦未有特別支持納粹的傾向。

極右運動和法西斯主義之間亦有著顯著的差異。極右運動並不常以奪取政權為目標：也許法國的極右是少數的例外。他們大多希望促使現有政權變得強硬。有些極右行動者會在街頭衝撞敵人，卻不會像兩次大戰之間的法西斯那樣組織武裝部隊。在一九〇〇年代的法國，最大的極右組織「法蘭西行動」將希望寄託於有紀律的少數，期望他們能發起復辟王室的政變，建立秩序井然的政府：他們相信羅馬大公教會和經典美學，乃政治秩序的體現。

33〔譯註〕阿爾斯特（Ulster）當中有六個郡，即今日的北愛爾蘭。這六個郡逾半住民為不列顛島移民的後代，他們多信奉新教，與信奉天主教的本島人關係並不融洽。亦因如此，他們多寄望能繼續與英國統一，反對任何能導致愛爾蘭獨立的政策。

34〔譯註〕East End，倫敦城東邊的社區，在當時為勞工階層聚居的貧民區。

第一次世界大戰、隨之而來的和約、以及兩次大戰之間的經濟困局令形勢徹底改變。新局勢意料之外地成為重劃國界的機會。對德國來說，俄國的崩潰使生存空間的拓展成為可能：只是信奉社會主義的新政府卻「刀刺在背」，讓機會白白流走。同盟國於世界大戰敗北，亦鼓勵羅馬尼亞、義大利、法國等國家覬覦德國和奧匈帝國的領土；可是它們並不都能如願以償，往往空餘挫敗和忿恨。同時，俄國爆發革命，亦使歐洲保守派惶恐終日，而共產主義運動在匈牙利、芬蘭、法國和德國萌芽，更令情況雪上加霜。共產主義不單承諾摧毀資本主義，也針對家庭制度、並支援歐洲各地的少數族裔。

同樣的，反共主義和法西斯主義之間也沒有直接的關連。與此相反，這些內外交困的政府為爭取戰時的支持，會向國族主義者、農民、社會主義者和女性作出重大的讓步。在戰爭結束後，遍及歐洲的民怨及起義更令政府坐立難安，可是它們的回應，通常都是進一步推行民主、並作出更大的讓步。

在德國和義大利等地，新興的群眾運動抗拒這些各方各面的威脅，並批評保守派已作出太多的讓步。這些新組織往往是由退伍軍人組織衍生的武裝部隊，並吸引那些因戰爭和內戰而變得殘忍的人加入。老兵並非都崇尚武力，有不少反倒變成和平主義者。可是法西斯戰鬥團這類運動的形象，卻顯然是戰爭的產物。

政府戰時的干預措施，亦加深政客、知識分子和記者對科學、國家規畫和人口工程的信念：他們受社會達爾文主義影響，認為國家必須在弱肉強食的國際環境掙扎求存，因此這些手段能使國家重新偉大起來。要保存國家元氣，往往意味著以關稅壁壘達成經濟自足、壓制社會主義並將工人嵌進國家共同體、鼓勵女性增產報國、以及同化或驅逐少數族裔。

我們若不考慮第一次世界大戰的衝擊，以及隨戰事結束而來的各種危機，就不可能理解法西斯主義。由於戰爭和革命的經驗超越國界、對戰爭和革命的理解也源自同一組理念，類似義大利法西斯的運動能於多國崛起，也就不足為奇：這些運動，或多或少都是獨立發展，也不一定採用法西斯的名號。沒有任何國家的傳統能對這段時期的發展免疫。那麼為何法西斯主義會在義大利取得勝利？畢竟義大利是戰勝國，德國才是戰敗國。義大利人無疑會聲稱自己的勝果遭「破壞」，但法國的國族主義者隨即亦如此宣告。義大利戰後的經濟危機，很可能不若德國、英國或美國後來的經濟大蕭條那麼嚴重。義大利法西斯黨奪權時，其黨員人數比那些永不可能掌權的團體還要少。唯有對特定的處境作出分析，方能解答種種疑團。在每一個國家，都有男男女女以某種方式展現法西斯主義的某些面向。為何他們在某些國家嚴重威脅著民主政治，卻在另一些國家鎩羽而歸？

第三章 義大利：「以拳頭創造歷史」

羅馬，一九二二年十一月十六日

雖然議事廳內只有三十二名法西斯黨黨員，墨索里尼卻信心滿滿，堅信國會將允許他領導新一屆政府。記者們見到他情緒高昂，把自己表現得堅強而決斷。他喜形於色地住在豪華酒店內，跟隨身邊的是其衣衫襤褸的武裝衛隊。

沒有人知道法西斯主義的實踐意味著甚麼。黑衫黨之所以發動「進軍羅馬」[1]，不是為了讓墨索里尼成為自由體制內又一位生活奢華的首相：他們期待的，是一場徹底的「國家革命」。可是墨索里尼之所以能夠崛起，卻不是只靠黑衫衛隊的力量：黑衫黨還未踏進首都，執政的自由派政客就已向墨索里尼奉上首相一職。黑衫黨和保守派之間，究竟會鹿死誰手？

而墨索尼里本人也是一個謎。在《泰晤士報》的記者面前，他表示自己想要改善窮人的生活水平，而資產階級也將要面臨出乎意料的打擊。另一些人卻得悉他將自稱「反動派君王」，並會設立特別的警察部；有一些風聲，則說他將迫使民眾屈服於其意志，把他們融入全新的國家共同體。與那些自由派政客相比，墨索里尼對自己的部屬也不見得會更不輕蔑。

墨索里尼在國會的演說，也未有太多的解釋。他三番兩次向建制作出保證，聲言立憲政府將安然無恙。可是若有國會議員反對給予他特殊的立法權力，他就派法西斯革命分子去威嚇。國內和海外的觀察家都察覺，義大利正經歷前所未有的巨變，可是卻也說不出其所以然。

通往奪權之路

主張參戰者於一九一五年得勢，並把義大利捲進戰爭之中：可是戰爭的經驗，卻未帶來預期的國家團結。社會黨始終貫徹其反戰立場，不像歐洲其他社會黨那樣改換立場。工會組織的程度與日俱增，工潮亦甚為普遍。逾六十萬人在戰爭中陣亡，敗戰接二連三，軍隊士氣亦日趨低落。戰爭似乎顛倒了原有的性別關係：部分原先由男性擔當的職位，都讓女性接手了。士兵們相信這些女性都想趁男性缺席謀求利益，並沒有那麼想要支援軍需。

義大利在一九一七年於卡波雷托大敗：這次打擊令民情悲憤不已，而義大利則憑藉這種憂患意識撐過餘下的戰事。根據戰後的和約，義大利從奧地利那邊取得大片土地，雖然這與國族主義者原先的期望有一點距離。鄧南遮在盛怒

1 進軍羅馬（March on Roma）：一九二二年十月下旬墨索里尼奪取政權的事件。其時中產階級對社會主義革命的恐懼，以及對義大利在第一次世界大戰後的失望，社會不滿情緒升高。一九二一年義大利國會選舉，法西斯黨只取得二席（總共五百三十五席），墨索里尼號召支持者黑衫軍三萬人於十月二十八日進軍羅馬，國王屈服，二十九日拜墨索里尼為首相，成為其在義大利掌權的關鍵。

之下，於一九一九年九月率領一群老兵攻占亞得里亞海畔的港口阜姆[2]，他們持續占領，直到一九二〇年十二月才被驅逐。〔地圖二〕

連串的社會動盪激起國族主義者的怒火。在一九一八至一九二〇年間（「赤色年代」），占領廠房的工潮在北部城市此起彼落，波河河谷的農民和農工皆參與罷工，而南部的佃工也占據未耕地。在邊境地區，斯拉夫裔和日耳曼裔的少數族群則要求自治權。藉由支援軍需後勤，婦女運動聲勢大壯：眾議院曾表決認同女性投票權，只是最終未能完成立法。

社會黨和天主教政黨於一九一九年的選舉大有斬獲。世俗自由派在天主教徒的支持下，連續組織了幾個政府。可是這些政府卻為黨爭所癱瘓：喬利蒂派、天主教徒、世俗派、主戰派、中立派的背後，都有強硬派和妥協派之爭。過往透過組織議會聯盟紓解危機的慣常做法，如今再也行不通。在工廠和鄉郊的急躁情緒，再加上菁英的內部矛盾，都干擾着舊有的政治常規，令局勢變得異常動盪。政治選項變得難以辨識、抉擇的後果亦難以預料，可是人們並未因而失去理智。法西斯主義之所以能成功冒起，是因為它們填補了議會程序和群眾動員之間的空間。

一九二一年，法西斯主義在受農村動亂困擾的地區得勢，獲得大批農村資產階級的青年生力軍。這些新成員多是莊園管家、小鎮官員或教師的子弟，有不少還是退伍軍人。他們認為法西斯主義能抵擋社會黨和天主教的聯盟，有異於無能為力的政府。法西斯亦贏得保守小農和佃工的支持：他們都認為當局未能使他們免受左翼威脅。法西斯衛隊開始展開暴力攻勢，威嚇天主教徒、並特別針對社會黨人，有數百人因而遇害。他們亦於威尼斯朱利亞區攻擊斯拉夫裔的少數族群，並進軍城鎮，在七月協助鎮壓當地的大罷工。法西斯主義者在一九二二年取得不少鄉郊的行政權，並擁有約二十五萬成員。

此時法西斯運動內部已經充滿張力。商人和地主不滿政府支援罷工者，他們激勵法西斯衛隊，又贊助運輸所需的汽油。不過有些法西斯主義者卻抗拒資產階級「女性化」的溫柔。他們聲稱受戰爭鍛煉的陽剛菁英已經出現，並準備

2〔譯註〕Fiume，現劃歸克羅埃西亞，並改稱里耶卡 Rijeka。

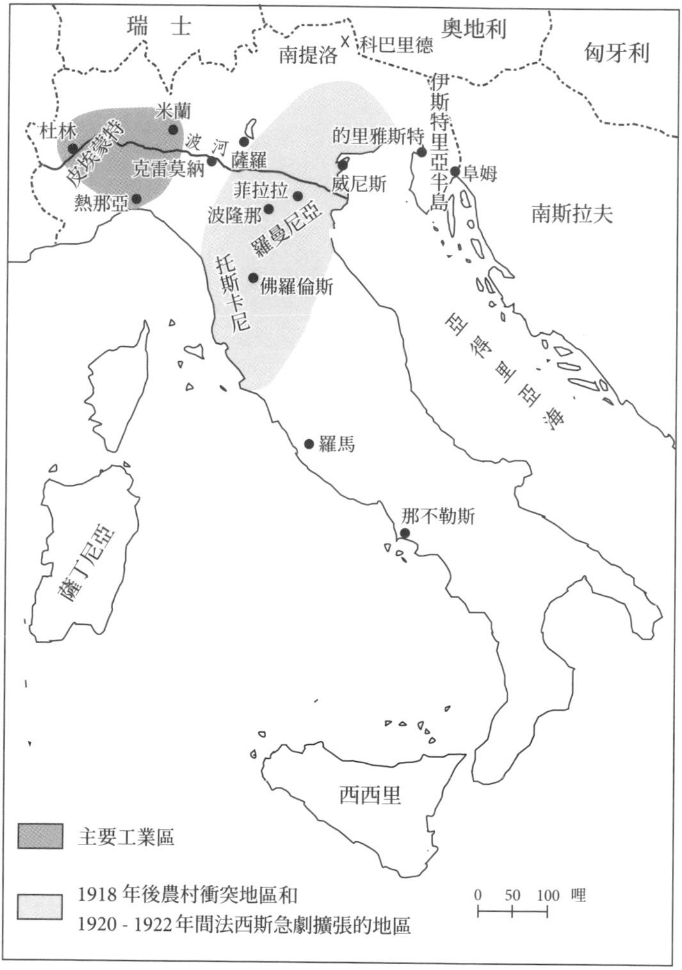
瑞　士
奧地利
南提洛
科巴里德
匈牙利
伊斯特里亞半島
米蘭
杜林
皮埃蒙特
波　河
薩羅
的里雅斯特
克雷莫納
皇姆
威尼斯
菲拉拉
熱那亞
波隆那
羅曼尼亞
南斯拉夫
托斯卡尼
佛羅倫斯
亞得里亞海
羅馬
那不勒斯
薩丁尼亞
西西里
主要工業區
1918 年後農村衝突地區和
1920 - 1922 年間法西斯急劇擴張的地區
0　50　100　哩

〔地圖一 ・義大利〕

好要為打擊國家公敵不擇手段。雖然他們往往被視為資產階級的一員，卻會斥責資產階級的怠惰，並以為自己是勞動者的代表——也正就是那些有「能力」管治國家、並創建新義大利的人。法西斯主義者既會在街頭攻擊保守國族主義者，也同樣會與他們攜手作戰。墨索里尼始終不願與社會主義者完全切斷連繫。在富人樂見社會主義和天主教團體被摧毀之時，法西斯主義者卻在籌建自己的工會。他們利用保守派的既有基礎招募農民和工人，又以恩威並施的方式吸引更多的成員。一九二一年底，法西斯主義者成立國家法西斯黨，他們既建立有組織的政黨、又擁護君主制度和自由經濟，就令保守派放心下來。

到一九二二年夏天，法西斯基層要求奪取政權的聲音愈來愈大，又擬定了「進軍羅馬」的計畫。墨索里尼知道發動政變是冒險的舉動，軍隊和殘存的左翼勢力也許會起來抵抗。他最後之所以能取得勝果，是因為他本人乃群眾運動與議會政治之間的獨一連繫。墨索里尼在媒體上描繪義大利在世界的定位，從而苦心營造其國家形象。同時，他亦貶損其競爭對手鄧南遮在阜姆的征伐，進一步提升自己的聲望。全國的政治人物裡，在群眾運動之中有威望的就只有墨索里尼一人。

此刻自由派政客進退兩難：如果他們堅持抵抗，軍警也許會拒絕與法西斯黨人對戰；倘若法西斯黨被擊敗，左翼也許會坐收漁利。政客、商界和軍隊，都認為讓法西斯黨加入政府會是更好的選項，縱使他們在國會只有少量議席。法西斯黨加入政府，或能使當局下定對付左翼的決心，從而活化政體的體質。如此墨索里尼就在一九二二年十月二十九日獲選為義大利首相。

法西斯黨掌權

在得到當局和軍隊的支持後，法西斯黨人肆無忌憚地攻擊左派。在論及義大利人對新政權的「認可」之前，我們不能忘記法西斯黨曾用極端的暴力對付政敵。在一九二三年，信奉天主教的義大利人民黨土崩瓦解，這部分是因為法西斯衛隊的襲擊，但也是因為教宗撤除原有的支持——墨索里尼承諾提升教宗在天主教會的地位，以換取教宗禮尚往來的回報。除此之外，沒有能肯定法西斯黨的立場。我們也許能（有點刻意地）辨認出三種可能的發展，但實情是，政治聯盟的合縱連橫隨著事態發展而演變。

如今法西斯黨已加入政府，保守派見到他們鎮壓左派、又擁護自由經濟，紛紛爭相入黨。他們期望墨索里尼能重新確立秩序，從而使國家「正常化」。他們期待能恢復某種較威權的舊體制，好讓他們能鞏固自身的社會和政治權力，但他們認為若要維持自身的影響力，議會政治與若干的政治自由還是必須的。法西斯黨在一九二三年併吞義大利國族主義者協會，該黨寄望國家能更偏向威權，亦一直主張要使天主教徒融入國家。他們未受雜亂無章的法西斯衛隊保護，但自己也建立起相若的武裝團體。另一些法西斯黨人，則鼓吹驅逐建制政客的「二次革命」。這些激進派有各式各樣的背景，他們有的是工團主義知識分子、有些是法西斯工會領袖、有些是女性主義者、有些是權慾薰心的地方黨幹部、也有主張革新經濟的人。

獨裁政治

墨索里尼未有清晰的選邊傾向。不過他修改了選舉法，好使法西斯黨能於一九二四年取得國會多數議席。在選戰期間，法西斯黨再次向社會黨施加暴力，可是他們殺害了社會黨發言人吉亞科莫·馬泰奧蒂[3]，從而激起反彈。墨索里尼被指為幕後黑手，連一直支持他的自由派也義憤填膺。起初墨索里尼嘗試通過妥協為危機降溫，可是如此只激起「二次革命」的聲浪。法西斯工會加緊向商界施壓，法西斯黨的女性也再次起來爭取投票權。

一九二五年一月，墨索里尼屈從於激進派的壓力，宣布要建立貨真價實的法西斯政權。不過法西斯黨內部意見依舊分離，因為保守派懼怕墨索里尼倒台後左翼會東山再起，因此未選擇退黨。到該年年底，反對黨遭禁制、出版自由不再、地方政府的選舉也被取消。

法西斯黨如今實施獨裁，可是派系之爭依然故我。國族主義者協會的舊部仍然氣勢如虹，他們期望強而有力的國家體制能把義大利人國家化，又想通過紀律和尊卑秩序復興資本階級社會。他們受到德國哲學的影響，相信個人自由若要覓得意義，就必須有能展示國家利益的強勢國家。國族主義者協會反對那些提倡政府、軍隊和公務員要跟黨走的主張。他們堅持法西斯黨應遵守法律，而非創造法律。

國族主義者協會的忠實成員幫助法西斯政權奠定基礎，他們包括了一九二六年擔任內政部長的費代爾佐尼，以及於一九二五至一九三二年擔任司法部長的阿爾弗雷多．羅科[4]。法西斯黨的戾氣逐漸減退。國家建立起自身的青年和婦女組織，嘗試實踐國族主義者協會「由上而下動員國家」的理想。包括君主派、大財主和農莊莊主在內的既得利益，仍然能發揮一定的影響力。墨索里尼

3 吉亞科莫．馬泰奧蒂（Giacomo Matteoti, 1885-1924），義大利社會黨領袖，墨索里尼主要政敵，指控法西斯黨選舉舞弊及使用暴力，威脅要讓法西斯垮台，最終卻被暗殺，以墨索里尼成為義大利獨裁者而告終。

4 費代爾佐尼（Luigi Federzori, 1878-1967）和阿爾弗雷多．羅科（Alfredo Rocco, 1875-1935）均為國族主義者協會領袖人物。

於一九二九年落實對教宗的承諾，隨之而來的拉特朗協定[5]，結束教廷與義大利六十年來的敵對關係，此外，協定亦在教育及青年事務方面授予羅馬大公教會一定的特權。

那些暴戾的農村基層法西斯的勢力則在衰減，比如在克雷莫納[6]領導運動的羅伯托・法里納奇[7]。在一九二〇年代末，代表法西斯主義者主流形象的，不再是那些與社會黨打鬥、聲稱「不顧一切」的單身年輕人；如今典型的法西斯是負責任的丈夫和父親——他們為建設新國家朝九晚六辛勤工作，他們的妻子則為貢獻義大利懷着胎兒。那些寄望法西斯主義能實踐女權、或是希望能在法團主義經濟實現自主工會的人，在那幾年都鬱鬱不得志（見第九、十章）。

然而，法西斯黨內的激進派從未被邊緣化，只是激進主義如今換上了新的內涵。法西斯政權並未有像兩戰之間的歐洲國家那樣，演變為常見那種君主官僚專制（見第六章）。墨索里尼從未想要建立那樣的政權，因此他把法西斯黨當成制衡保守派的力量。法西斯黨始終是獨立的機制，也從未放棄控制福利、教育和閒暇的企圖——這一切，都是為了動員國家的緣故。

如今擔任黨總書記的法里納奇則擔當起微妙的角色。法里納奇支持中央集權的獨裁，無可避免會削弱地方法西斯激進派的行動自主。可是他同時也鼓勵法西斯黨繞過官僚政治，創建全新的統治階層。雖然法里納奇很快就被開除，但是繼任的奧古斯托．圖拉蒂[8]和阿基萊．斯塔拉切[9]都以婉轉的方式延續同樣的方針。法西斯黨因而意外地演變成臃腫的平行官僚體制，而黨證亦成為要

---

5 拉特朗協定（Lateran Pact），一九二九年義大利和梵蒂岡之間締結的條約。一八七〇年普法戰爭期間，義大利攻擊依附於法國的教宗國，占領羅馬城，教廷與義大利對峙近六十年。此協定中，墨索里尼的義大利政府承認教皇對梵蒂岡城的主權與獨立，教皇則回報承認義大利國以羅馬為首都。

6 克雷莫納（Cremona），義大利北部倫巴底區的一個城市。

7 羅伯托．法里納奇（Roberto Farinacci, 1892-1945）義大利政治家，助墨索里尼上台，代表黨內激進的工團主義，反教權、仇外和反猶太主義。一九二五年，被墨索里尼任命為黨書記，法里納奇成為義大利第二大有權勢的人，墨索里尼用他來清除激進成員。

8 奧古斯托．圖拉蒂（Augusto Turati, 1888-1955），於一九二六—三〇年間擔任法西斯黨的總書記，幫助鞏固了墨索里尼的統治。

9 阿基萊．斯塔拉切（Achille Starace, 1889-1945），一九三一年被任命為法西斯黨總書記，任期長達八年，斯塔拉切舉行大規模遊行，提出反猶種族隔離措施，積極擴大墨索里尼的個人崇拜。

在國家體制內扶搖直上的必需品。雖然公務員通常只會在口頭上效忠於法西斯的理念，但重點是法西斯國家在選拔和訓練官僚時，在慣常的程序以外，也同樣重視意識形態上的忠誠。在一九三二年，墨索里尼提出要讓（一九二八年成立的）法西斯政治學院畢業生得到國家的聘書。法西斯黨希望施政的基礎，是意識形態而不是規矩。

不過就效果而言，最終出現的卻是勢均力敵的局面。法西斯黨、大企業、教會、國家、軍隊、法西斯工會和法人團體，在法西斯義大利內部組成好幾個半自主的權力中心。這些權力中心既互相競爭、亦疊床架屋。比如國家康樂俱樂部這個法西斯工人休閒組織，創辦時乃國家機關，但後來卻為了削弱法西斯工會對工人的影響，於一九二七年將俱樂部收歸黨有。除此之外，俱樂部亦要與天主教組織和法西斯工會爭取工人的支持。在婦女及青年組織的歷史中，也有類似的衝突。

領袖期望能為所有的爭執一錘定音，因此墨索里尼在書房審閱國家文件直到凌晨，他甚至一度在名義上率領八個部門。墨索里尼顯然沒有獨自決定所有事情的能力。他所做的決定既隨意又欠深思熟慮，為他人遺下不少可供操作的空間。然而，墨索里尼的角色對法西斯政權而言仍是不可或缺：若他下定決心，必能權傾朝野。他的支持度遠勝任何部下，以至無人膽敢直接冒犯領袖。在外交政策上，墨索里尼的權力更是獨步一時，在這個範疇，他毫不猶豫地親力親為。一九三〇年代，法西斯政權亦因戰雲密布，而步向另一個激進化的階段。

墨索里尼冒險的對外政策，乃三個因素造成的結果。首先，法西斯黨一直覺得開疆拓土乃解決經濟問題之上策，認為戰爭在本質上必然有利於國家。其次，外交部的法西斯化使它失去原有的謹慎。雖然墨索里尼的外交政策，在法西斯尚未興起的年代已有跡可尋，卻始終不脫法西斯意識形態的色彩。各國之間達爾文式的競爭，以及義大利過剩人口對生存空間的需求，皆成為合理化對外擴張的原因。

最後，希特勒執掌政權，使得形勢出現變化。墨索里尼起初把德國視為危險的敵手。那些本來傾慕法西斯的運動，如今受到納粹主義的影響，令墨索里尼深感不滿。他亦忌諱德國的擴張主義，擔心希特勒讓奧地利併入第三帝國後，會把目光放在南提洛操德語的少數族群。不過有一些法西斯黨人，卻以納粹主義肯定激進的政策訴求：如此義大利和德國在意識上的承傳，方向也逆轉過來。而且，墨索里尼也意識到擴張義大利勢力的唯一方法就是與希特勒結盟，犧牲英法兩國在地中海和非洲的利益。義大利的軍隊在一九三五年侵略衣索比亞時，就發現全世界就只有德國支持他們。義德兩國政權於一九三六年組成軸心聯盟，而墨索里尼也在翌年造訪柏林時，宣稱「法西斯主義和納粹主義，乃平行歷史處境之一體兩現，把我們兩國的生命連結起來」。法西斯主義者和納粹主義者，在西班牙內戰（一九三六——一九三九）時為佛朗哥將軍[10]並肩作戰。到一九四〇年，義大利則與德國聯手入侵法國。在肯定德國能戰勝後，義大利於一九四一年侵略希臘，並開始向埃及進軍。

法西斯黨既要動員國家備戰，又要應付經濟大蕭條的挑戰，還要和德國締結同盟，就調整其政策的重心、並改組黨內的派系平衡。法西斯政權為達成自給自足的經濟，不斷增強對經濟的管制、以及對私人生活的干預。政權鼓勵民眾多吃國產稻米，不要吃進口的義大利麵，墨索里尼宣稱以義大利麵為國食的國族，將無法復興羅馬文明。而工業復興公司這座國有企業，則在實際上接管了苦苦掙扎的企業。到一九三六年，各大銀行也被國家接管。這些措施卻未直接威脅到大財團。事實上，那些規模較小的競爭者蒙受損失，反倒有助大財團謀取暴利。只是商界如今與國家管制難解難分，他們當年幫助法西斯黨奪權，卻正好是為求避免出現這種狀況。

戰爭也促使國家加緊動員民眾。斯塔拉切於一九三二至一九三九年擔任黨總書記，任內推動法西斯黨「走向群眾」，招募了大批婦女和學生。他在群眾集會中安排崇拜墨索里尼的儀式，又特意調整國家康樂俱樂部內的工人休閒活動。在侵略衣索比亞時，法西斯政權已展現出運用種族主義的能力。墨索里尼

10 佛朗哥（Francisco Franco, 1892-1975），西班牙軍人，以軍功於一九二六年升任將軍。一九三六年，他參與反共和政府的武裝叛亂，並得到希特勒和墨索里尼的支持，長達三年的西班牙內戰後，就任國家元首直至一九七五年去世，任內實行專制統治，鎮壓反獨裁運動、長槍黨以外的其他政黨和共產主義運動。

面對羅馬利亞和匈牙利的法西斯友黨，亦嘗試加強與其中反猶分子的連結，藉此與德國的影響互相抗衡。義大利於一九三八年引入反猶法案，既要模仿納粹主義、又立意要與其爭勝。法西斯政權當中有不少人對反猶主義深存疑慮，可是後來還是參與了猶太人大屠殺。

這些措施背後的動機，無疑是為求推動極權，可是卻成效不彰。這些政策的推行毫無章法可言，而義大利亦欠缺全面操控社會的制度基礎。從政權的角度看，「走向群眾」的政策也令商界、教會和王室警覺起來。如此的策略未能籠絡民心，戰爭帶來敗績、轟炸和糧食短缺，亦使民怨逐漸沸騰。宣傳與現實之間的差異，自是一目瞭然。

義大利之戰功絕不彪炳，民眾對戰爭亦提不起勁。義大利軍隊在希臘和北非都仰賴德國的救援。當盟軍在一九四三年進軍義大利，法西斯大委員會就與國王聯手把墨索里尼拉下台。此時義大利已淪為戰場，德國占領北部、盟軍進軍南部。領袖鋃鐺入獄，卻在不久後獲德軍解救，並在北部被奉為薩羅共和國[11]的首領。死硬派在納粹主義的強烈影響下，嘗試要實踐所謂「純粹」的法西斯主義，並持續與反抗運動的武裝鬥爭。在戰場的兩端，都未放棄戰鬥的念頭。

11〔譯註〕這個傀儡國家的正式名稱為義大利社會共和國（Repubblica Sociale Italiana），因其首都設在倫巴底的湖畔小鎮薩羅，而被稱為薩羅共和國（Repubblica di Salò）。

第四章

德國：種族

德國，一九三三年三月二十三日

因為國會大廈於幾個星期前遭受祝融之災[1]，帝國議會在柏林中部蒂爾加滕區的科羅爾劇院舉行開幕大典。走進大堂，望向內閣和議長坐席的平台，可見到後面懸着一面巨大的卐字旗。議員步入會場，必須先經過一群穿戴著卐字服飾、在大門廣場外列隊的囂張少年，這些惡少叫罵著進場的議員，斥責他們是「中間派豬玀」或「馬克思母豬」。由於共產黨遭控策畫國會大廈縱火案，他們的議員此刻皆身陷囹圄。被囚禁的還有好幾位社會民主黨議員，而另一些黨友則在步入會場時被捕。納粹衝鋒隊則在社會民主黨議員後面列陣，擋著會場的出口。

在帝國議會會場中間，就只放著一份授權法案[2]：這份法案授予總理立法權，他訂立的法案即使違憲，也毋須交由國會確認。由於這份法案將改變憲政秩序，須獲得三分之二議員支持方有望通過，納粹黨亦因此需要保守派支援。希特勒在介紹法案的演說中安撫保守派，承諾國會的存續、以及興登堡總統[3]的地位皆不會受到威脅。這時候，大家都普遍認為保守派會贊成法案。

希特勒一臉嚴肅，異常沉著地宣讀講辭。到呼籲公開處決國會大廈縱火案的元兇、以及對社會民主黨黨員作出死亡恐嚇時，他才展露其惡名昭彰的怒漢本色。在演說結束時，納粹黨議員群起高呼「德意志高於一切」。

之後社會民主黨的奧托．威爾斯[4]鼓起勇氣，重申「人道、公正、自由和社會主義的原則」。依據法國大使的回憶，威爾斯的語氣猶如被虐打的孩童，他抖顫的聲音夾著情緒，結語時表露出對身陷集中營和監牢者的關懷。希特勒不斷做筆記，然後情緒高漲地反擊，指責社會民主黨在過往十四年對納粹黨的迫害。事實上，納粹黨人只因為參與不法勾當而受過輕微的懲罰。社會民主黨黨員紛起質問，可是他們背後的納粹衝鋒隊，卻嘶聲低語「你們今天死定了」。

授權法案最終獲得四百四十四位議員支持而順利通過，表態反對的只有九

1 德國國會大廈位於柏林，是柏林最著名的地標之一。一八九四年完工的新文藝復興建築是德意志帝國至威瑪共和時期的國會所在地。一九三三年二月二十七日，希特勒就任德國總理一個月後，德國國會大廈發生火災，儘管確定是人為縱火，但迄今仍不知是誰所做，僅可知納粹從此事件得利。火災後廢棄的建築在二戰期間遭受轟炸更加惡化，一九七〇年代經過部分修復，成為德國歷史博物館。

2 授權法案（Enabling Act），德國國會於一九三三年通過的法律，納粹黨、德國民族人民黨和中間黨的代表投票贊成，該法案授權希特勒政府能夠獨立於國會和總統職權發布法令，為希特勒提供開展其國家社會主義革命的基地。

3 興登堡總統（Paul von Hindenburg, 1847-1934），德國第一次世界大戰期間的陸軍元帥和威瑪共和國的第二任總統（一九二五—三四），他的總統任期因政治不穩定、經濟蕭條以及希特勒上台而受到破壞，他於一九三三年任命希特勒為總理。

4 奧托·威爾斯（Otto Wels, 1873-1939），德國政治家，一九一九年起任德國社會民主黨主席，一九二〇年至三〇年為威瑪共和國議會議員。一九三三年納粹黨上台前，威爾斯在國會發表演說，反對授權法案，六月流亡境外，一九三九年死於巴黎。

十四名社會民主黨員。這份法案終結德國的法治，並為元首意志主導的新型權威奠定基礎。如今納粹黨可為「德意志的最高利益」自行其是，對付任何可能敵對第三帝國的人。而社會主義者將會是下一批受害者。

納粹主義和法西斯主義

希特勒和墨索里尼奪權之路顯然有共通之處。在這兩場政治運動，我們都能看到針對左翼的武裝恐嚇、與保守派的勾結合謀、以及對議會政治存續的保證。雖然納粹黨在掌權之前，遠遠沒有像法西斯黨那麼暴戾，但此後卻證實他們青出於藍更勝於藍。

要探究納粹主義是否為一種法西斯主義，仍是個不可能的任務：因為問題的答案，取決於我們的定義。我們對納粹主義的理解若強調他們與法西斯相似之處，就無法解釋他們對種族純粹的追求。不過我們仍然要解釋何以納粹和法西斯有著類似的外觀。這兩場政治運動背後的經濟因素、社會結構和理念，事實上都是超越國界的，結果就是，不同國家的政客都以相似的方式應對相若的問題。對全面戰爭的體驗既是超越國界，之後的武裝組織、國族主義團體和反社會主義團體在各國分別冒起，也就不足為奇。關乎理念和政策的國際交流，也透過出國訪問、報章報導和翻譯不斷持續。墨索里尼火速奪權，亦使法西斯主義成為眾人趨之若鶩的模仿對象。

這些法西斯主義的模仿者，與義大利的元祖並非完全一致，可是這仍算是典型的跨國差異。畢竟這些政治運動的主要目標，都是要在既定國界內奪取國家權力，並與其他遍及全國的政治運動爭勝。各國皆自有其政治規則——比如義大利是實行全男性普選的君主立憲國，德國卻是容許女性投票的共和國——因此各國政黨也自有不同的定位。此外不少法西斯主義者亦相信，縱使或許有所保留，國家是（或應該是）社會團結的主要形式，即使他們的理念取用自各式各樣的源頭，他們仍會熱切地擺出「國家主義」的姿態。而我們亦即將看到，納粹主義和法西斯主義之間，既有對抗、亦有競爭。

邁向執政之路

在敗戰後推翻王室、成立威瑪共和國的過程，乃一場規模宏大的政治社會動員運動之其中一幕。在這場運動中，出現了一些類似法西斯黨的群體，不過這些群體卻是單獨冒出的。這些群體包括由退伍軍人組成，並與社會民主黨、共產黨、波蘭人和其他少類族裔作戰的自由軍團。在一九二〇年三月，泛德意志主義者沃爾夫岡．卡普率領「艾爾哈德特海軍陸戰自由軍團」，進軍柏林嘗試發動政變[5]。後來納粹黨聲稱他們曾受自由軍團的啟蒙。自由軍團以暴力反對共產主義，這點與法西斯主義極其相似，此外他們也像納粹主義者那樣，堅持德國對東歐的領土主張。可是自由軍團卻沒有工團主義或工會的側翼，亦遠比義大利法西斯著重反猶主義。自由軍團既對王室有戀舊情懷、也深信民族代表國家，在兩種理念之間舉旗不定。

此時，希特勒這位來自奧地利的榮譽退伍軍人，乃德國工人黨的黨員，當時這個政黨不過是慕尼黑一個不起眼的小團體。他很快就被譽為黨內最佳的演說家，一九二一年已成為統領全黨的絕對領袖，那時工人黨也更名為國家社會主義德國工人黨[6]。領袖崇拜可見於德國的傳統，可見諸先前提過的「人民凱撒」的理念，但巴伐利亞的媒體也把希特勒稱為德國的墨索里尼。一九二三年，希特勒宣稱他之所以（與曾參與世界大戰的魯登道夫將軍合作）發動啤酒館政變[7]，是受到領袖墨索里尼的啟發。

希特勒在獄中撰寫《我的奮鬥》，透過這本自傳宣揚其政治理念。他相信

---

5 因威瑪政府簽署的凡爾賽條約限制德國軍隊人數，政府試圖遣散兩個自由軍團旅而引發不滿，路德維茲（Walther von Lüttwitz）下令艾爾哈德特海軍陸戰自由軍團占領柏林，反動政治家卡普（Wolfgang Kapp，1858-1922）組織新政府，威瑪政權雖逃往德國南部，但號召工人發動大罷工，公務員亦拒絕聽從卡普的命令導致政變失敗。

6〔譯註〕國家社會主義德國工人黨（Nationalsozialistische Deutsche Arbeiterpartei），縮寫為NS-DAP，被政敵貶稱為Nazis，也就是納粹黨。

7 啤酒館政變（Beer Hall Putsch, Bürgerbräu-Putsch），啤酒館政變，也稱為慕尼黑政變，是希特勒和魯登道夫（Erich Ludendorff）於一九二三年十一月八日至九日發動的叛亂，計畫仿效墨索里尼的進軍羅馬以推翻威瑪共和，但以失敗告終，一九二四年希特勒被控叛國罪入獄服刑，此次政變雖然失敗，卻提升了希特勒在黨內的地位。

征服東方的生存空間正是德國的出路，為此則要不惜與「猶太—布爾什維克」的俄國對抗。要達成這個目標，德國必須消滅民主政治和種族敵人，從而擺脫墮落的景況。在獲得生存空間後，德國就能有足夠的資源把民眾團結為種族純粹的國家。國內政治和對外政策的目標也是互相依賴的。

這些理念令人聯想起華格納式的歐洲文化潮流，以及十九世紀的社會達爾文主義、帝國主義和種族主義理念；最後幾種理念，在某些大學學系和專業界偽裝成科學，指導建構強勢社會的工程規畫。納粹主義亦借用義大利法西斯的部分內容，其中包括「希特勒敬禮」：這種敬禮方式，有助確立希特勒在納粹運動中的權威。亦因如此，希特勒在自己的辦公室，擺放了一尊墨索里尼的胸像。

希特勒邁向權力巔峰之路，比墨索里尼來得漫長：因此把納粹主義單純地歸因於危機及民眾之「迷失方向」，似乎不恰當。德國在一戰後的動盪，至少和義大利同樣嚴重。對凡爾賽和約涉德條款的不滿，並不局限於極右的圈子，相信因社會主義者「背後捅刀」才導致戰敗的想法，也是同樣普遍。社會民主黨表現急躁，又於一九一九年大選取得勝果，更進一步刺激怨毒的情緒。不過有賴主要政治群體的支持，威瑪共和國此時還能延續下去。有異於義大利的情況，德國的社會主義者都支持現有政權，也發動使卡普政變失敗的大罷工。卡普政變要成功奪權，必須得到軍隊的支持。可是軍隊深知英法兩國無法容忍國族主義政權，只好姑且接受民主政治。

威瑪共和國在一九二〇年代的局勢相對穩定：經濟處境在某程度上獲得改善，中間派聯盟也能勉強維持穩定的施政。德國與英法兩國恢復友好，重燃收復東部失土的盼望。政治暴力也大體上得以平息。可是德國共產黨從未接納這個「資產階級共和國」，主張國族主義的德國國家人民黨仍依舊堅持君主制。鋼盔聯盟這個退伍軍人武裝組織，在信奉新教的資產階級地方社會根深柢固，對社會民主黨、共產黨和主流右派抱有敵意。那些在一九三〇年代投票支持納粹黨的人，早就在十年前擁護民粹的極端國家主義政治。

這些選民指責共和國屈從於自私的經濟利益，又要求推行更「國族化」的政策：可是他們亦弔詭地保護自身的利益。威瑪共和國的政治淪落到混戰狀態，不同的利益群體都在指責別人，批評他們拒絕優先考慮國家利益（那其實是批評者的自身利益）。納粹黨之所以能取得勝利，是因為他們能説服廣泛選民，使他們相信納粹黨會為國家放棄私利。

美國股市於一九二九年崩盤，為脆弱的德國社會帶來沉重打擊。經濟衰退使企業倒閉、農民負債累累、又帶來龐大的失業潮。保守派指責國家偏好工人、女性主義和猶太人，認為情況忍無可忍，使共和國失去僅剩的合法性。在六百萬失業大軍中，有不少人覺得政權使他們陷入絕境，從而倒向共產主義（也有些人加入俗稱褐衫隊的納粹衝鋒隊）。共產黨和納粹黨獲得的選票同樣與日俱增。議會政治陷入停滯，政府自一九三〇年起也只能以緊急法令施政。軍隊此時也不再畏懼協約國，並不斷干預政治。在希特勒奪權前，德國的民主早就半死不活。

在希特勒為一九二三年的政變服刑時，他藉自身的失敗反思義大利的經驗，最終認為投身選舉是贏得政權的唯一方法。起初納粹黨的選舉文宣主要以工廠勞工為對象，寄望能藉此斷絕工人與共產黨的關係。可是一九二八年的選舉，他們卻意外地發現自己贏得新教農民的支持，此時農民正好因農業危機而苦苦掙扎。此後納粹黨的文宣改為針對保守派選民，結果帶來一九三〇年的選舉突破。墨索里尼開始察覺納粹主義正成為一股群眾力量，而他在羅馬的特使也為希特勒出謀獻策。不論如何，希特勒發現墨索里尼之所以能夠成功，乃選戰與威嚇雙軌並行的結果。

納粹黨對社會民主黨、共產黨和天主教徒的恐嚇，卻與義大利黑衫黨不可相提並論：義大利的傷亡情況，遠比德國來得慘重。納粹黨雖然很想參與毆鬥，可是他們的巡遊大多只是形式的展現：他們想要說明納粹黨乃紀律嚴明的勢力、是恢復社會秩序的唯一希望。同時，納粹黨也擺出反建制的姿態，把自己包裝為民眾的真正代表，批評保守派政府既軟弱又缺乏代表性。

雖然這樣的民粹訊息格外吸引保守派的原有支持者，納粹黨的選民基礎卻比其他政黨來得廣闊。納粹運動顯著地贏得少數社會主義者的選票，亦吸引到人數大體相若的兩性選民。在一九三二年七月的選舉，德國大概有四分之一的勞工階層投票支持納粹黨，特別是那些小城鎮小企業的勞工。

儘管納粹黨的支持再廣泛，他們在一九三二年七月才贏得三十七％的選票，無法取得執政所需的國會議席。同年十一月的選舉，他們還掉了二百萬票。雖然商界、軍隊、地主菁英等保守政治勢力都痛恨共和，他們也認為納粹黨是不足採信的「褐色布爾什維克」，他們偏好讓自己操控威權政府。這些菁英的判斷或對或錯，不過他們都認為沒有群眾支持，任何政府皆無法持續執政。這樣的想法，說明即使是再反動的右派，也深受「民主政治」的前設影響。與此同時，軍隊也懼怕萬一遭到共產黨和納粹黨兩面夾攻，就會無力再維持秩序。保守派走到窮途末路，就只好在一九三三年一月三十日讓希特勒擔任總理。那時希特勒就如墨索里尼那樣，是連繫議會政治和街頭運動的獨一橋梁。

獨裁政治

除了希特勒之外，納粹黨在內閣中就只有兩位成員，可是他們卻執掌指揮警察的大權。此時政府既以緊急法令施政，納粹黨就能夠展開對付左派的鎮壓浪潮。國會大廈縱火案成為凍結新聞自由和集會自由的契機。雖然納粹黨在三月五日的選舉結果不如理想，但他們在德國國家人民黨的支持下，仍能確保授權法案獲得通過。在授權法案通過後的那幾個星期，工會受到禁制、納粹黨以外的右翼政黨皆自行解散、猶太裔公職人員也被悉數開除。一般民眾此時都清楚明白公開反抗的下場，考慮到這一點，我們也無法輕信那些認為全部德國人都接受納粹統治、都在群眾集會真誠崇拜希特勒的講法。

在新政權的內部，出現了好幾個爭權奪利的派系，它們都準備要以暴力打擊對手。被稱為褐衫隊的衝鋒隊，早前一直帶領攻擊左派的行動，在這個時候則鼓吹二次革命。軍隊也害怕衝鋒隊想要取代自身的地位。部分原因是出於保守派的壓力，希特勒於一九三四年六月三十日捕殺衝鋒隊的領導人——這次事件也被稱為「長刀之夜」[8]。不過保守派卻未能於此後收回失地。黨衛隊起初

---

8 長刀之夜：由於害怕衝鋒隊變得過於強大，希特勒命令其精銳黨衛軍謀殺衝鋒隊的領導人，包括羅姆（Ernst Röhm）以及數百名其他被認為是希特勒的反對者，包含主要的社會民主黨員、共產黨員，以及保守人士。

只是保護要員的部隊，後來也負責執行鎮壓任務，甚至開始取得政治權力。在長刀之夜後不久，軍隊也開始向希特勒個人宣誓效忠。

納粹激進主義在政治圈子中尤其普遍。法治的終結，除了意味著任意毆打、集中營囚禁和死刑，亦損害最基本的典章制度、司法審判和行政。公務員遭到整肅，納粹黨機關和黨衛軍成為平行的行政體系，人員的敍用也取決於意識形態和對黨之忠誠，不再重視公務員體制的固有程序。非傳統背景出身的人如今卻身居要職。雖然這並非馬克思主義理解的革命，但還是破壞了既有權力結構。

就如義大利的法西斯運動那般，工會內的激進分子、以及那些期許納粹主義能平等對待女性的人，對掌權後的納粹黨深感失望（見第九章、第十章）。儘管如此，納粹黨把教條滲透進社會各界的努力，還是更為成功的。從婦女團體到電影學會，這些原先獨立的團體若非遭解散，就是為納粹團體所吸納。學校的課綱變了。勞工休閒文娛組織——包括惡名昭彰的「力量來自歡樂」，以及展現納粹工團主義規畫的德意志勞工陣線——都參與了建構納粹烏托邦的社會工程。納粹政權的社會政策，也成為讓法西斯黨和納粹黨交流心得的平台。

而種族則是納粹黨行動的指導原則，這一點比義大利的情況更為明顯。雖然德國人、甚至是藉此起家的納粹黨人，並不全都認同以生物學為基礎的種族主義，但這卻是不少行動者熱切信奉的理念，這方面在領導階層尤其明顯。希特勒摧毀共產主義、又恢復德國的國際地位，使他極孚民望，民意因而對社會各界猶太人的命運漠不關心。這正中反猶主義者下懷，讓他們能實踐其處心積慮的計畫。如今各種政策——不論是對母親的保護、醫療服務的分配、外交政策、還是課綱——都伴隨着種族上的考慮。除此之外，納粹黨要實行其種族政策，也必須仰賴黨外體制的奧援，特別是軍隊、公務員和學術界。

就像在義大利那樣，大企業、軍隊和行政機關仍有些獨立行事的空間，亦會與黨機關和國安系統爭權奪利。不過德國的權力平衡卻有異於義大利。由於商界須面臨愈來愈多的管制，也因而失去就政府政策集體議價的能力。大批將領於一九三八年被開除，而希特勒也一躍而成三軍統帥。黨衛隊在海因里希·希姆萊[9]的領導下，建立起專屬的軍事部隊，其權責亦擴展到各方面的種族政策——由於種族政策乃重中之重，黨衛隊也因此權傾天下。和義大利相比，德國的軍隊、公務員和專業人士對納粹教條抱有更開放的態度，政權各構成部分都熱切地爭相實踐希特勒的議程——就如某位納粹行動者所言，他們工作時都「心懷元首」。希特勒從來都不需要決定具體的政策，畢竟他既無精力、亦無能力。

含混不清的權責，使政策的草擬者能擺脫倫理和法律的規範。如今管治的原則變幻莫測，受害於政權的人也變得徬徨無助。納粹政權未能實現全權掌控的想望，社會對納粹統治顯然亦不乏疑心。可是集體反抗已變得極為危險，納粹政權亦對偏好的族群提供福利，比如消費社會和餘暇社會，縱使未能實現，至少還有承諾。

希特勒和墨索里尼一樣，對外交政策都有濃厚的興趣。他始終相信要建構德國的和諧社會，就必須奪取生存空間，消滅種族敵人和布爾什維克。希特勒不清楚如何能實現其目標，卻決定要讓德國準備迎接種族戰爭。大部分的內政政策，或多或少都與這種決定相關。鼓勵女性結婚生育的措施，是為求增加國家「健康」的人口，養育未來的士兵。替「弱者」絕育，則是為了改進人口的質素。公共建設的背後，都有軍事的考量：一九三六年的四年計畫，強調生產軍備和進口替代。猶太政策在一九三八年十一月激進化後，德國瀰漫着戰爭的恐懼，亦因而不足為奇。在納粹黨眼中，去除猶太人的影響——那時尚未決定要實施種族滅絕——既是戰爭的目標、也是得勝的前提。

希特勒的外交卻欠缺中期計畫的指引。他寄望英國會維持中立，德國得以主宰歐陸，這期望很快就落空了。不過在一九三六年，希特勒卻告訴他的將領，爭奪生存空間的戰爭必須於一九四〇年或之前發動，隨後幾年，他亦未曾放過任何開戰的時機。他於一九三八年三月把奧地利併入第三帝國，到九月又把目光移往捷克斯洛伐克日耳曼少數族群聚居的蘇台德區。與英法兩國的戰爭最終

9 海因里希·希姆萊（Heinrich Himmler, 1923-1945），德國納粹政治家、警察行政官和軍事指揮官。一九二三年加入納粹黨，二五年加入黨衛軍，二九年被任命為親衛隊最高領導人，一九三六年擔任警察總長，四三年兼內政部長，為第三帝國最有權勢的人之一。二戰期間負責種族滅絕事務，被人為對納粹大屠殺等罪行負有重大責任。

於一九三九年開打：那時希特勒仗着與蘇聯的結盟入侵波蘭。在一九四〇年法國敗戰後不久，希特勒又開始草擬進軍蘇聯的計畫。

德國入侵蘇聯，觸發了一場史無前例的血腥衝突。在東部那些征伐得來的土地，任何在地的權威都被徹底根除。此時在德國內部也沒有任何制衡政權的力量，納粹組織就能肆無忌憚地對待戰敗國的民眾，層出不窮的殺害、虐待、壓榨和搶掠，甚至還會拿人命做實驗：這一切都在應驗希特勒的末世預言。戰爭還未開始，希特勒就宣稱戰爭的終局，將會消滅歐洲的珍貴事物；事態的發展也如他所言。在德國軍隊全盤崩解之際，希特勒仍未放下他瘋狂的執念。他和戈培爾[10]在柏林的地堡，拿著塔羅牌仰望腓特烈大帝，想要尋求最後的啟示。他在踏上黃泉路前，還斥責德國人辜負他的期望。

10 戈培爾（Joseph Goebbel, 1897-1945），希特勒領導下的第三帝國宣傳部長。

第五章　法西斯主義的擴張

羅馬尼亞，塞維林堡，一九二五年五月

科諾留．科德里亞努正因涉嫌謀殺而受審，縱使鐵證如山，他卻未擔驚受怕。這位二十四歲的雅西大學法律學生見到陪審員身上的卐字徽章，放下了心頭大石。即使是負責控訴的檢察官，也對案情輕輕帶過，他指出「隨著大批外國人的湧入，無政府主義已滲透入大學之中」，並主張「羅馬尼亞是屬於羅馬尼亞人的」。

隨着協約國於世界大戰獲勝，參與其中的羅馬尼亞，亦獲得來自奧匈帝國

和俄羅斯帝國的疆土〔地圖二〕。「新領土」的住民，包括猶太裔、匈牙利裔和日耳曼裔的少數民族，他們在商界和專業界尤其突出。羅馬尼亞認為「新領土」必須「融入」單一民族國家之中，而猶太人則必須被排除。

像科德里亞努那樣的學生，領導著把新領土「羅馬尼亞化」的鬥爭：羅馬尼亞的知識人，一直都自視為國族主義的先鋒黨。羅馬尼亞的法律學生和醫學生，認為世界大戰後左翼運動的短暫冒起、以及他們自身黯淡的事業前景，都是猶太人的錯。在一九二二年，羅馬尼亞各地都爆發要求限制大學錄取猶太人的運動。科德里亞努及其同伴認為，政府反對運動的訴求，證實他們都在同情羅馬利亞的公敵。

科德里亞努在一九二四年十月殺害了反對學生運動的雅西警長。當局原定於摩爾達維亞城鎮福克沙尼進行初審，卻因當地爆發反猶暴動而叫停。審訊於一九二五年五月移師到多瑙河畔的塞維林堡進行，當地較為偏遠，政府也寄望如此能夠平靜局面。可是科德里亞努數以千計的支持者還是蜂擁而至，激起當地的反猶情緒。整個城鎮的人都穿上國旗的顏色，也有不少人戴上卐字徽章。

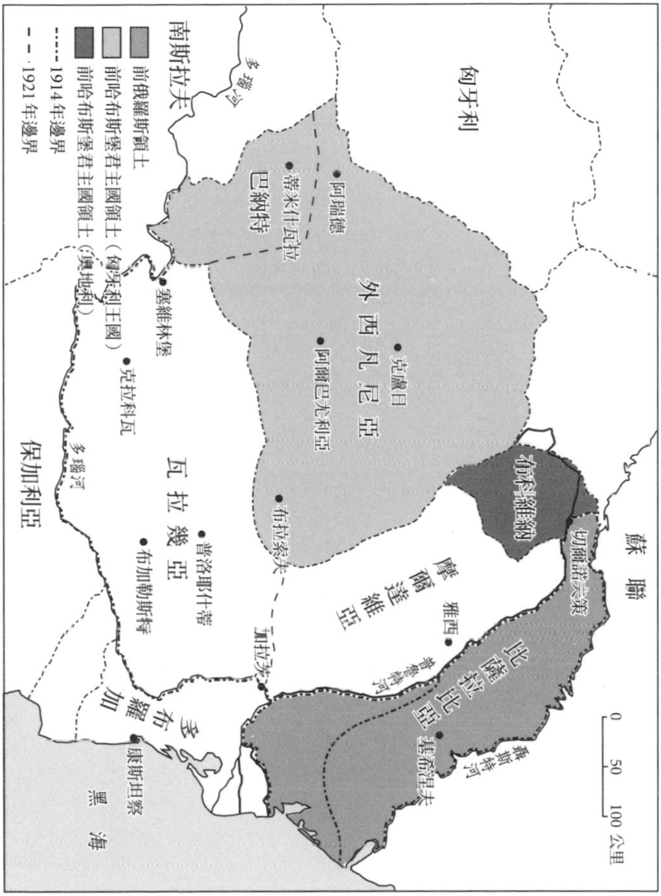
前俄羅斯領土
前哈布斯堡君主國領土（匈牙利王國）
前哈布斯堡君主國領土（奧地利）
1914年邊界
1921年邊界
匈牙利
蘇聯
南斯拉夫
保加利亞
外西凡尼亞
巴納特
瓦拉幾亞
摩爾達維亞
比薩拉比亞
布科維納
多布羅加
阿瑞德
蒂米什瓦拉
克盧日
阿爾巴尤利亞
布拉索夫
塞維林堡
克拉科瓦
普洛耶什蒂
布加勒斯特
加拉茨
雅西
切爾諾夫策
基希涅夫
康斯坦察
多瑙河
普魯特河
聶斯特河
黑海
0 50 100 公里

〔地圖二・羅馬尼亞〕

羅馬尼亞的律師公會亦嘗試阻止其成員代表受害人的遺孀。檢方最終找到一位不太在行的律師，但科德里亞努還是獲判無罪釋放——這樣的判決並不令人驚訝。

科德里亞努是米迦勒天使長軍團[1]的領袖，這個組織通常被稱為鐵衛團。這個組織要面對接二連三的苦戰，他們涉及政治謀殺、與多個憲政政府作對、之後又和王室獨裁政權鬥爭。王室獨裁政權於一九三八年十一月鎮壓鐵衛團，後來又把科德里亞努絞死。

鐵衛團與法西斯黨和納粹黨顯然極其相似。然而，這絕對不是單純的模仿。鐵衛團雖採用卐字標誌，但這個標誌早已於歐洲極右圈子流傳，這時候納粹黨仍為名不見經傳的團體，也無法對鐵衛團造成影響。鐵衛團在一九二〇年代曾經尊崇墨索里尼，可是他們亦受到巴黎的羅馬尼亞流亡社群影響，因而也把新保王運動組織法蘭西行動視為參考對象。鐵衛團和法蘭西行動一樣鼓吹反猶主義，到一九三〇年代他們輕易改為向納粹黨效忠。

環環相扣的運動

在一九二〇至一九三〇年代，在歐洲、美洲、以及其他被殖民統治的國家，有為數不少的政治運動自稱為「法西斯」或「國家社會主義」、或宣稱受到其啟蒙。世上只有少數地方完全不受法西斯主義的誘惑，而希特勒和墨索里尼都熱中於對外輸出其意識形態。觀察家大都相信德國和義大利的政權曾提出過一些新奇的方案，卻又對這些方案的具體內容莫衷一是。有時候他們又會把這些政權與史達林的共產主義、或凱末爾[2]的社會國族主義混為一談。

1 米迦勒天使長軍團（Legion of the Archangel Michael），見第一章之註14鐵衛團。

2 凱末爾（Kemal Atatürk, 1881-1938），原名Mustafa Kemal Atatürk，軍人、政治家和改革家，土耳其共和國的創始人和第一任總統（一九二三—三八年）。一戰時戰功彪炳，晉升為將軍，隨著鄂圖曼土耳其帝國的崩解，他帶領了土耳其民族運動，在安卡拉組建獨立政府，並打敗協約國軍隊，建立了土耳其共和國。之後他更鼓勵採用歐洲生活方式，土耳其語以拉丁字母書寫，公民採用歐式名字，使法律和教育體系現代化，淡化伊斯蘭教對政治教育的影響，帶領土耳其現代化。

這些在德義兩國以外的政治運動，按著自身的理解和需要詮釋法西斯主義。它們借用了某些特徵、修改了一些地方、並對另一些面向置之不顧。德義兩國政權野心勃勃的國族主義，即使是最狂熱的海外崇拜者也難以接受，畢竟他們也極其看重國家的獨立自主。

法西斯黨和納粹黨之所以爭相宣揚其意識形態，不只為求與共產主義對抗，也是為了互相競爭，而且這兩大政權內部的鬥爭，亦向外投射擴散。希特勒起初視墨索里尼為模仿對象，可是當希特勒在選戰取得突破時，又輪到墨索里尼視納粹政權為潛在的盟友。當希特勒掌權後，法西斯黨人再分不清究竟他是危險的對手、還是運動的同志。納粹黨人若非仰慕法西斯黨、就是賤視義大利人為低等種族。

在一九三三至一九三四年間，義大利有些法西斯黨人開始鼓吹「普世法西斯主義」，他們串連歐洲各地的法西斯運動，並於一九三四及一九三五年分別在蒙特魯[3]和阿姆斯特丹召開國際會議。他們想藉這項計畫振興法西斯主義，藉此在納粹的種族主義外提出另一條出路。他們把法西斯主義，說成是羅馬普遍價值的重生。這種說法深得鐵衛團的共鳴，因為這些羅馬尼亞國族主義者也自視為古典文化的傳人（可是這種想法，實則也深受法蘭西運動影響）。不過這種國際法西斯主義，其吸引力始終不及納粹主義和反猶主義。即使在義大利本土，有些法西斯行動者也認為倒向納粹，遠比更新法西斯主義更為有效。

這些親納粹派很快就在義大利占得上風。墨索甲尼開始談及兩大政權的合流，至少他在公開場合如是說。德國和義大利於一九三六年簽署組織軸心聯盟，又一起在西班牙內戰支持國民軍[4]——這場戰爭吸引了整個歐洲的法西斯主義者並肩作戰。一九三八年，義大利亦通過了反猶法案。法西斯黨雖與納粹黨勾結合謀，可是兩黨還是會爭奪海外運動的忠誠，就如德義兩國還是會於足

3 蒙特魯（Montreux），瑞士日內瓦湖東岸、阿爾卑斯山山麓的小鎮。

4 國民軍（Nationalists, Bando Nacional），一九三六年起的西班牙內戰中，對共和國政府發動叛亂的軍隊，組成分子包括民族主義者、長槍黨、法西斯主義者、保王派、反共產主義者等等，在原預定指揮官死於空難後，由佛朗哥擔任總指揮。內戰後期佛朗哥將其中所有派系統一至長槍黨，一黨專政獨裁統治。

球場上爭勝那樣。

而法西斯主義造成的影響，也不止於那些打著法西斯旗號的政治運動，這令事態變得更為複雜。有些政治運動看起來與法西斯極其相似，卻極力否認與法西斯有任何連繫。在兩次大戰之間，歐洲各國也湧現了一批獨裁政權，而這些政權亦有選擇性地向法西斯借鏡。

究竟有多少人物、運動和政權能夠被歸類為「法西斯」，這完全取決於我們的定義。假如我們把法西斯主義簡單地定義為操控群眾的渴望、又或者是獨裁政治，那麼能稱得上是法西斯的事物就有如恆河沙數。假如我們認為，唯有主張種族主義和／或反猶主義的運動方能稱得上是法西斯，那麼又會得出另一個不一樣的名單。我們對法西斯主義的定義既是眾說紛紜，也就無法就何為「真法西斯」一錘定音。即或如此，我們仍然能夠辨識各種政治運動之間的異同，或觀察這些運動之間的互動和交流——學究點說，這就是不同運動之間的「纏結」(entanglement)。在此筆者要探問：論者會怎樣運用「法西斯」和「國家社會主義」這兩個詞語，以及他們運用這些詞語之目的。我們若探究政治運動之間的纏結，即會發現保守派群體與法西斯之關係尤其緊密：不論他們是主張獨裁，還是偏好議會（但我們在第八至第十章，也會看到法西斯主義和左翼之間，並不只有單純的對抗）。

兩戰之間歐洲法西斯和保守派

極權主義這個概念，在保守主義——不論主張議會還是獨裁——和法西斯主義之間劃出楚河漢界。保守主義主張讓教會、公務員和軍隊執政，有時還會支持君主制，也會捍衛家庭制度及私有產權。法西斯主義卻代表新菁英階層的崛起：他們來自普羅大眾、領導著群眾的政黨，又威脅保守派珍而重之的體制，與共產主義較為相似。馬克思主義者卻認為，法西斯與保守派有共同的敵人，並強調兩者之間的通力合作。

這兩種觀點，都指出局部的事實。因此馬丁・布林霍認為，兩次大戰之間的歐洲，在威權保守主義和法西斯主義之間存在著一道政治光譜。在光譜的一端，是以建制為基礎的保守威權政權，與法西斯主義幾無交集之處。而光譜的另一端，則是法西斯主義的運動和政權，保守派於當中的角色極為有限，而納粹黨則是最貼切的案例。布林霍的詮譯，一方面能辨認出法西斯和保守主義之間的纏結和交流，另一方面又能顧及兩者之間的衝突、以及各派別的內部矛盾。

布林霍的進路有其可取之處，不過我們必須記得，這是我們自己所做的分類，並不一定合乎當事者之本意。雖然他用了「激進」和「保守」這類描述，他們的標準往往會和我們不同。不論如何，他們如何採用這樣的描述才是關鍵之處。當政治運動的參與者聲言「這是法西斯主義」或「那是納粹主義」，又指責他們的對手「偏離正道」，或是流於「保守」、或是囿於「布爾喬亞精神」，我們就必須探究這些術語所謂何事。我們無法追溯法西斯主義被傳播、被轉化、被運用的整個過程。筆者在此只能提出好幾個案例。

民主政治中的法西斯主義

雖然法國是世界大戰的戰勝國，卻因戰爭而深受打擊。戰後接二連三的產業動亂，令人擔心下一場革命即將爆發，畢竟革命在法國稱得上是家常便飯。保守派起初仰賴國會內的國民陣營，此時議會內的保守派已在野四十年，早就不成氣候（有異於德國和義大利的情況）。不論如何，國民陣營中亦有不少極右的成員，也受到天主教徒、貴族、學生、都市資產階級和小布爾喬亞的支持。這些極端分子有林林總總的政治認同，或是支持各式各樣的國族主義運動、或是效忠於各個王室支系。法蘭西運動乃陣營中最強的勢力，擁護反猶主義、獨裁政治和羅馬大公教會。

國民陣營未能帶來顯著的改變，使極右派益發焦躁，他們因此樂見墨索里尼成功奪權。極右派不想別人指責他們戀慕外來的意識形態，就聲稱墨索里尼是在抄襲法國人的高見。他們放大法西斯主義當中合乎胃口的元素：對社會主義的抗拒、強而有力的政府、以及對教會的優待。極右派既忽略法西斯黨的群眾運動，也不時把法西斯主義與米格爾・德里維拉[5]在西班牙的軍事獨裁混為一談（在一九二三年，德里維拉宣稱自己之所以發動政變，是受到墨索里尼的啟發）。

一九二四年，左翼重奪法國政權，國民陣營的名聲江河日下，保守派再次陷入恐慌，部分保守派因而把希望寄託於新興的群眾運動。愛國青年黨顯然受過法西斯黨的啟發：他們以藍色雨衣為制服、行法西斯式的敬禮、也在街頭與共產主義者毆鬥。有些青年黨領袖直認自己是法西斯主義者，但另一些領袖卻比較婉轉謹慎。這場政治運動，深受波拿巴派[6]的傳統影響：他們大多為天主教徒，有些人也是在議會活躍的右派。為了與新興群眾運動束棒黨區隔，青年黨自一九二六年起開始與法西斯劃清界線。顧名思義，束棒黨自視為國際法西斯運動在法國的傳人。他們也像其他極右派那樣，聲稱墨索里尼挪用源自法國的教條。不過，束棒黨對法西斯傳統有自己的見解：他們強調法團主義，卻未能對工人團體應該有多自主達成共識。不論如何，束棒黨既無法掌權，這種爭議終究也無關痛癢。法國極右派在國會勢孤力弱，又無法單靠街頭的壓力奪權。這樣新成立的保守派執政聯盟，都能藉自身的力量應付危機。

在經濟大衰退後，極右派捲土重來。一九三四年二月六日在巴黎市中心的大型示威，迫使又一個左翼政府鞠躬下台，可是極右派依舊欠缺漁人得利的實力。此後火十字團成為主導右翼的新聯盟，招攬了近五十萬成員，在一九三六年正式創黨時又增添更多的黨員。對政敵來說，火十字團正是法西斯主義的體現：這個政團的外觀，毫無疑問與法西斯極其相似。其近似武裝團體的運作模式令人聯想起納粹黨（比較沒那麼像法西斯黨）；他們高舉法團主義、反對議會政治，既攻擊左翼、又反對他們眼中軟弱的保守派。這場政治運動傾慕法西斯主義和納粹主義的某些面向，特別是其鼓勵生育和社會規畫的主張。除此之外，他們亦想學效墨索里尼和希特勒的奪權模式。不過火十字團與法西斯和納

5 米格爾·德里維拉（Miguel Primo de Rivera, 1923-1930）西班牙貴族、將軍和政治家，一九二三—三〇年復辟時期擔任首相，任內獨裁統治，最後導致西班牙內戰。其子何塞（José Antonio Primo de Rivera）為長槍黨創始人。

6〔譯註〕擁護拿破崙家族的保王派。

粹亦有所不同：他們的憲政主張相對溫和、未鼓吹領土擴張（但也沒有放棄殖民地的意圖）、對猶太人的仇恨也遠遠比不上納粹黨（或法蘭西運動）。除了極為奇特的例外，火十字團的領袖都極力否認自己是法西斯主義者。這是因為除了「國家」以外的任何標籤，都有機會分化掙扎求存的極右群體。在一九二〇年代，法國極右派還有可能認同義大利這個舊盟友，德國卻是法國的宿敵。

即或如此，左派還是把火十字團描述成希特勒的奸細。雖然事實並非如此，但這樣的策略還是奏效。而法國的左派，也從納粹黨在德國的勝利汲取教訓。德國社會民主黨和共產黨互相仇視，差不多就像他們恨納粹黨那樣。法國的左派卻組成人民陣線，既在街頭與火十字團抗衡、又推動誘使選民離棄極右的政策。人民陣線在一九三六年的大選，贏得國會絕大多數議席。火十字團恭順地遵從解散令，卻以法蘭西社會黨的姿態重生。他們在組黨後逐漸除去其狂熱的特徵，要到一九四〇年德國占領法國後，他們才重新發現獨裁政治的優勢。

法西斯主義在英國也取得一定的進展。此時大英帝國正面臨分離國族主義的挑戰，經濟在兩戰之間亦持續低迷。一九二六年的大罷工以及工黨的崛起，都似乎在挑戰私有產權。英國的保守派欣賞墨索里尼，認為他能夠恢復社會秩序，他們也把溫和的法西斯黨和那些看起來更危險的激進流派區別開來。有些天主教徒認為墨索里尼正在領導對付無神論共產主義的鬥爭，另一些知識人則欣賞法西斯政權的現代主義美學。不過只有少數人認為法西斯主義在英國是可行的。這些人於一九二五年組成不列顛法西斯黨。這個組織從未能發展成群眾運動，不過有些保守黨國會議員卻讓他們擔任政治集會的糾察。

真正能左右大局的團體，就只有莫斯利爵士[7]於一九三二年創立的不列顛法西斯聯盟，而他們的影響亦極其短暫。起初聯盟與義大利法西斯黨關係密切，並獲得他們的資助，可是聯盟對法西斯主義的理解，卻有異於前述的保守派。莫斯利曾為工黨黨員，對法西斯的法團主義極為讚賞，認為如此應對經濟大蕭條比老牌政黨的做法更富創見。聯盟縱使有激進的取態，卻也受到一九

7 莫斯利爵士（Sir Oswald Mosley, 1896-1980），英國政治家，一九三一年出訪義大利，受墨索里尼影響，創建不列顛法西斯聯盟並擔任領導人（至一九四〇年），該團體以散布反猶太主義宣傳、在東倫敦的猶太人區進行敵對示威以及穿著納粹式制服和徽章而聞名。

一四年之前那種死硬派托利主義[8]的影響：他們反對自由黨政府的社會改革計畫，也抗拒讓愛爾蘭自治。莫斯利預言民眾將會儘速掃除「舊朋黨」，使部分死硬派心懷盼望。聯盟此時也得到保守黨的支持。部分保守黨員認為法西斯主義會認可較強硬的保守路線：他們認為斯坦利．鮑德溫[9]與工黨在一九二九年聯手組織的國民政府，似乎背棄了保守主義的原則。

不列顛法西斯聯盟獲得的支持，很快就因為他們採用暴力而煙消雲散。不論如何，英國領先者當選的選舉制度，本來就不利於法西斯運動的發展。莫斯利從法西斯主義倒向納粹主義，亦使他喪失僅有的政治機會（此時義大利大使，也把希望改為寄託於保守黨）。這種不智的抉擇，使大部分英國人確信莫斯利叛國。

同一時間的美國展現對納粹主義之同情，也很可能會被視為不愛國的舉動。德裔美國人聯盟在巔峰之際，也只有不到六千名會員。聯盟的興起某程度可歸因於美國本地的種族主義。標誌着美國種族主義的三K黨，在世界大戰期間再度崛起，並在一九二〇年代招攬到二至八百萬名新成員。三K黨與後來的法西斯的若干相似的特徵，卻也是典型的美國極右主義，他們反對國家體制，並主張自由放任主義和民粹個人主義。聯盟雖然有與三K黨聯繫，但它之所以能夠興起，也是德裔美國人遭惡待的結果；自美國參與世界大戰後，對德裔的歧視也極其普遍。相比之下，庫格林神父[10]的全國社會公義同盟在一九三〇年代的發展較為成功，但這個組織也沒有那麼極端。起初庫格林神父提倡羅斯福的新政，後來卻改為宣揚反共產、反猶太、反資本主義的訊息。他支持的總統候選人在一九三六年大選取得八十八萬二千四百七十九張選票。

法西斯主義在美國慘淡的發展，說明我們不能假設社會危機會自動引致極

8〔譯註〕托利主義（Toryism），傳統的英國保守主義。

9 斯坦利・鮑德溫（Stanley Baldwin, 1867-1947），英國保守黨政治家，一九二三年至一九三七年任首相，任內歷經一九二六年大罷工與一九三六愛德華八世退位危機等重大事件，有論者認為其任內未制止納粹德國擴軍而應為二戰爆發負責。

10 庫格林神父（Charles E. Coughlin, 1891- 1979），美國天主教神父，是最早使用廣播接觸大眾的政治領導人之一，一九三〇年代有廣大群眾收聽，一九三四年成立政治組織，後來開始播放反猶評論，三〇年代末期也支持德義的法西斯政策，最後被迫停播。

端主義。美國的環境，看起來像是極端主義的溫床——那時美國面臨重大的經濟危機、保守派都討厭羅斯福的新政、而孤立主義者也反對美國介入歐洲的反法西斯鬥爭。可是新政最終卻能平息社會的不滿情緒，而反國家的個人主義也把極端主義引往另一個方向。

宗教與法西斯主義

庫格林神父把法西斯主義和羅馬公教結合起來的做法並非沒有先例可援。墨索里尼恢復教會部分特權，又在義大利這個世俗國家確立梵蒂岡的地位，使普世的天主教徒都感恩圖報。一九三六年七月，佛朗哥將軍舉兵顛覆西班牙的人民陣線政府，鼓舞了大部分的天主教徒。不過，西班牙的天主教徒卻有不同的政見和社會立場。保王派和各方保守派認為，西班牙共和國的誕生乃源自無神論者、猶太人、共濟會和馬克思主義者的陰謀。而另一些天主教徒則已做好準備，願意接受隨共和而來的多元政治。除此之外，也有一些社會派天主教徒期望能透過社會改革恢復教會的影響力，而非單靠壓制敵人。不同的天主教徒對法西斯主義也可能有不同的看法：他們有的只想摧毀左翼，有的卻視法團主義為改善勞資關係的良方。後者本是無關痛癢的一群，可是在一九三六年二月的大選慘敗後，有更多天主教徒開始反思何以社會主義受人歡迎。即使後來爆發內戰，這樣的新思維還是能得以發展。

這場最終使佛朗哥掌權的政治運動，無疑背後有股法西斯的勢力——那就是由前任獨裁者之子何塞・德里維拉領導的西班牙長槍黨。長槍黨模仿法西斯黨的儀式、武裝團隊施展暴力、在制式上也是世俗政黨。即或如此，它還是爭取到各派天主教徒的支持。何塞堅持奉羅馬公教為西班牙國教。長槍黨對法西斯法團主義的景仰，整合了社會派天主教徒追求階級調和的思維。他們主張溫和的土地改革，又要把銀行國有化。長槍黨聲言其「國家工團主義」有異於義大利的法團主義，比較不受商界和國家的干預。就像在其他地方那樣，在西班牙要區別法團主義和天主教的影響，乃極其困難的事。

不過長槍黨並未能於佛朗哥的聯盟內一錘定音：在聯盟之中，既有組織鬆散的保守派、也有效忠於不同王族的人。保王派受惠於與軍官的家族和階級連結：這些軍官對長槍黨的激進主義深存疑慮。共和派頑強的軍事抵抗，使軍隊成為不可或缺的勢力，同時也有大批長槍黨的運動者遭共和派監禁或殺害。於是，當佛朗哥於一九三七年把聯盟整合成單一運動，長槍黨也沒有反抗。就像墨索里尼的政權那樣，（持續執政到一九七五年的）佛朗哥一黨專政的政權內，既有激進的法西斯主義者、也有保守派。不過有異於義大利和德國的情況，教會、軍隊和行政機關在佛朗哥政權內的力量與日俱增。

奧利地法西斯主義與宗教的關係，則與和德國合併的問題糾纏在一起。一九三三年以後，陶爾斐斯[11]和馮．許士尼格[12]先後獲得武裝組織護國團的支持，在奧地利實施威權統治。墨索里尼為延續其顯赫的國際地位支援奧地利的政權，他也不希望德國往義大利的方向擴張，那邊有境內講德語的少數族裔。奧地利政府投墨索里尼所好，答應擁抱「法西斯主義」，建立衍生自保守天主教社會派的社團國家（Ständestaat）。實行「奧地利法西斯主義」的護國團，想要成立親墨索里尼的天主教邦聯，藉此重建一九一八年崩潰、且超然於國族的奧匈帝國。因奧地利這種超乎國族的主張，我們再不能假設任何自稱法西斯的人，都會把國家視為絕對效忠的對象。

對於社團國家的領袖來說，護國團的作風過於激進，其反猶主義亦過於強烈。奧地利政府因而於一九三六年解散護國團，並把其支持者納入執政黨內。部分護國團團員卻決定與政權最危險的敵人聯手：也就是納粹黨的奧地利支部。這些團員的抉擇，說明納粹主義也能吸引到天主教徒。奧地利的納粹主義者，在一九三四年就曾嘗試過發動政變，只是墨索里尼對當時的政權伸出援手。隨着墨索里尼加入軸心聯盟，奧地利的獨立地位也岌岌可危。希特勒於一

11 陶爾斐斯（Engelbert Dollfuss, 1892-1934），是保守的、以神職人員為導向的基督教社會黨的成員，一九三二年至一九三四年任奧地利總理，期間逐漸走向專制，取締共產黨、奧地利納粹黨和其他反對黨，反對德國吞併奧地利。一九三七年七月在維也納納粹分子的一次劫持暴動中，在總理官邸遭奧地利納粹黨綁架，槍傷身亡。

12 馮·許士尼格（Kurt von Schuschnigg, 1897-1977），奧地利政治家，一九三四年陶爾斐斯遇刺後繼任總理，曾努力阻止納粹接管奧地利，在希特勒軍事威脅下，於一九三八年三月十一日辭職，翌日德軍即進駐奧地利，許士尼格被納粹囚禁，一九四五年美軍抵達後才獲釋放。戰後移民美國。

九三八年入侵奧地利，以「反動」的罪名推翻社團國家。

東歐

東歐的新興民主國家，曾滿懷希望地從俄國、德國、和奧匈帝國這些多民族國家的廢墟中崛起，可是它們卻像保齡球瓶那般，於兩戰之間一個個倒下。這些這國之中，惟獨捷克斯洛伐克能免受政變之苦：要待一九三八至一九三九年，這個國家才被踏在納粹的鐵蹄下。這些稚嫩的民主國家，都面臨義大利和德國的那些問題——戰爭的摧殘、大眾的不安、勞工抗爭、經濟困局、以及族群衝突。這些國家都甚為畏懼布爾什維克，甚至曾真的與布爾什維克政權征戰。蘇聯與不少東歐國家都有領土爭議，而共產起義在這些國家也此起彼落。共產主義者在這些國家，藉勞工階級、（渴求更多土地的）農民和少數族裔的不滿情緒挑起事端。這些國家亦同樣相信戰爭擾亂了正常的性別平衡。就像在義大利和德國那樣，東歐的國族主義者也會以國家統合之名，主張強硬對付共產主義者、女性主義者和少數族裔。

兩戰之間東歐族群關係的漩渦有重大的象徵意義。國族自決原則，乃戰後和約的理論基礎。可是東歐各族群卻犬牙交錯地混居，最終國界也無法與族群的分界完全吻合。部分邊界甚至須靠武力而劃定。這些新興的「國族」國家內，都有為數不少的少數族裔——比如波蘭就只有七十%的人口是波蘭人。過往寄人籬下的民族，如今又成為新國家的少數族群。起初東歐國家受制於和約保護少數族群的條款，採用比較寬容的政策。可是德國、保加利亞、奧地利和匈牙利都因和約的緣故喪失領土，這些心懷不滿的國家，也因此極其關注如今已成為別國少數族裔的前國民——比如是在羅馬尼亞的匈牙利裔、或是在波蘭的日耳曼人。那些擴張過領土的國家（羅馬尼亞和南斯拉夫）以及新成立的國家（愛沙尼亞、拉脫維亞、立陶宛、捷克斯洛伐克），若不是想「歸化」其少數族群、就是想把他們驅逐出境。就像在西歐那樣，民主政治在東歐往往意味着多數人的獨裁，而不是寬容政治，多元文化主義，更是遙不可及的夢想。

然而，我們也必須小心謹慎，因為法西斯運動的冒起，並不必然會出現在所有環境合適的國家。在多民族的捷克斯洛伐克和南斯拉夫，都沒有由主流捷克人或塞爾維亞人主導的法西斯運動，縱使這兩個國家都有人認為政府偏袒少數族裔、都同樣面臨經濟上的困難、也都要面對躁動不安的左翼。法西斯主義無法在捷克斯洛伐克找到其政治空間：該國勞工階級都把票投給社會主義，而政府也透過價格管制安撫農民。雖然捷克國族主義有其不足之處，但捷克人認為自己比過往日耳曼裔的統治者更寬容、更開明，並且引以為傲。而該國納粹主義的發展，也集中於蘇台德區的日耳曼少數族群：他們日益渴望能被德國合併。

歐洲其他地方的保守派在一個接著一個的國家中建立威權政體，他們終止了保護少數權益的條約、搜捕共產主義者、也宣稱要讓女性回歸家庭。左派認定這些政體都是法西斯，而它們也確實有借鑑義大利和德國政權的經驗。這些政權是否真有資格被稱為法西斯，那只是定義上的問題。不過我們可以肯定，這些政權都既依隨法西斯的先例、也通過既有體制實行統治，這種揉合各種手段的作風，與法西斯主義和納粹主義其異幾希。在羅馬尼亞，當地東正教會首席主教米龍・克里斯提亞於一九三八年就任首相。軍隊在波蘭成為操控政府的力量。在匈牙利，軍隊則與大地主聯手主導國家。保加利亞、羅馬尼亞和南斯拉夫的王室，都直接介入政治。而各地的公務員皆具有影響力。

雖然這些獨裁政體都奉行菁英主義，有好幾個政權這是建立了自己的群眾政黨。波蘭的「校尉」於一九三五年成立國民統合陣營，而南斯拉夫激進同盟的成立，則是要為王室獨裁建立群眾基礎——這個同盟的成員都穿上綠色的制服。南斯拉夫的政權也讓婦女聯盟支持他們，認為聯盟的教育和福利活動，有助營造對王室的忠誠。這些歐洲保守主義的新團體既模仿法西斯主義、又與法西斯主義者競爭。不過這些團體都服從固有的權威，也未發展成壟斷一切的組織。這些獨裁政體大部分都會容忍若干的政治自由。言論審查並未有完全禁言；反對派雖被拘押，卻依然能夠存續。憲法雖被修改、投票雖被操控，但選舉則照常舉辦。法律大體上還是會受到尊重，儘管那顯然是威權的法律。

法西斯主義者在這些獨裁國家，受困於對抗與合謀之間的抉擇。當中成就最大的，首推匈牙利和羅馬尼亞的法西斯。霍爾蒂．米克洛什[13]在一九一九至一九四四年間一直統治著匈牙利。他領導的半威權保守政權，後來逐漸演變成法西斯反對派的模樣。該國的法西斯有兩處頗不尋常。首先，匈牙利的極右派除了仰慕墨索尼里，也早在一九二三年之前就聯繫上希特勒。他們受到德國納粹運動吸引，認同他們對戰後和約的深仇大恨、也欣賞他們的反猶主義——匈牙利極右相信猶太人的普世主義，損害了匈牙利族裔的國族。那些曾經管治過大帝國的文武官僚，對這種論調感同身受：他們對這樣的國恥無法釋懷，也憤恨與他們爭奪工作的猶太人。此外，匈牙利法西斯的社會激進主義亦頗不尋常：他們主張瓦解大地主的莊園，而這些地主卻是政權的權力基礎。

在一九三二年，霍爾蒂任命法西斯主義者久洛．根伯什[14]為匈牙利首相，條件是他必須放棄反猶主義。根伯什順從地改隨墨索里尼的路線，畢竟他早就仰慕其大名，不過到一九三三年，他還是回到希特勒的懷抱：這部分是出於對修訂和約的憧憬，而德國的經濟實力則是另一個因素。不論如何，根伯什最終也受到保守反對者的掣肘而有志難伸。如此則為親納粹團體帶來可供操作的空間。這些團體當中，最重要的首推箭十字黨。箭十字黨並不信奉極端國家主義，反倒在匈牙利國族主義的宗教和種族面向之間猶豫不決，他們也聲稱自己並非沙文主義者。確實，他們曾以反猶主義的邏輯批評納粹主義，指責他們以「猶太人的方式」把日耳曼當成天選之民。就像奧地利的法西斯主義者那樣，他們偏好讓歐洲東南的國家組建邦聯。箭十字黨的反猶思想獲得都市勞工的共鳴，他們的雇主很多是猶太人。根伯什的政府受困於內部保守派的阻力，最終只取得半桶水的成就，在他一九三六年身故後，保守派也掌握了主導權。一九三九年，霍爾蒂開始對付箭十字黨，卻無法阻止該黨於同年的大選取得佳績。而霍爾蒂政權在對抗「激進主義」之同時，自身也變得日益專制而反猶：它之所以

13 霍爾蒂·米克洛什（Horthy Miklós, 1868-1957，匈牙利人名姓氏在前），匈牙利海軍軍官和保守派領袖，在第一次世界大戰後的匈牙利蘇維埃共和國遭羅馬尼亞圍攻，霍爾蒂趁勢掌權，成立匈牙利王國，並擔任攝政直到一九四四年。

14 久洛·根伯什（Gyula Gömbös, 1886-1936），職業生涯始於職業軍官，很快就因其民族主義和反哈布斯堡王朝的觀點而引人注目。一九三二—三六年擔任匈牙利總理，以其反動和反猶觀點聞名，對兩次大戰期間匈牙利的法西斯主義趨勢負主要責任。

反對箭十字黨，部分原因是因為該黨計畫給予少數族裔自治權。匈牙利後來加入希特勒的侵略戰爭，在收復包括羅馬尼亞在內故土後，又殘害當地的少數族群。究竟法西斯主義始於何時、終於何處，也令人難以參透。

在此暫且回顧一下羅馬尼亞的狀況。該國於一九二〇年後由「自由派」的威權政府統治；自一九二八年起，羅馬尼亞則由君主主導的政權統治。科德里亞努的鐵衛團則為主要的反對勢力，他們指責政府未盡力把這個多族群的國家羅馬尼亞化。值得留意的是，鐵衛團與「政治宗教」亦極其相似。科德里亞努認為羅馬尼亞正教會的信仰，正好與羅馬尼亞國民的身分相輔相成，如此猶太人既生活在城市、又信奉異教，就會被排除於國民群體之外。不過鐵衛團對東正教的忠誠，卻彷如異端教派。科德里亞努反對讓教會取得規範政治行為的權力。他將東正教與復興羅馬尼亞的浪漫想像結合，宣言「新造的人」的降臨。鐵衛團通過奇怪的儀式展現虔信宗教的性格。這些儀式以詭異的方式模仿有組織的宗教——鐵衛團的暗殺隊會在儀式中飲下同伴的血。這個政治宗教的世界觀善惡分明，當中的政治盡是鬥爭和戰鬥，鐵衛團亦因而變得極為暴力。他們殊死一戰的決心只有納粹黨衛軍能夠比得上；而黨衛軍亦自有其神祕信念。鐵衛團雖然具有宗教情懷，但卻有異於相關理論的學者對政治宗教的理解：畢竟鐵衛團的成員並未有陷入不理性的盲信。他們的儀式背後有著凝聚組織的理性目的；他們的暴力只會針對特定群體，他們的仇恨亦與實際議題脫不了關係：比如專業職位的爭奪、或是農民對土地的渴求。

鐵衛團相信，能體現國家的乃民眾，而非王朝。受到冒犯的教會高層與王室，很快就把鐵衛團當成敵人。國王於一九三七年讓克里斯提亞組織獨裁政府，並於次年禁制鐵衛團，科德里亞努被殺。

法國在一九四〇年敗戰，親法保守派政府士氣大挫，而鐵衛團趁機捲土重來。希特勒也於同年把大片羅馬尼亞領土畫歸匈牙利和保加利亞（史達林此時亦逕自侵吞比薩拉比亞）。輿論指責國王摧毀了國家，鐵衛團亦因此恢復名譽。在保守派將軍安東內斯庫[15]領導下，鐵衛團被併入政府體制之內。不過安東內

15 安東內斯庫（Ion Antonescu, 1882-1946），羅馬尼亞元帥和政治家，二戰期間成為親德政府的獨

斯庫卻認為，鐵衛團沒收企業、農莊、以及猶太人和少數族群的家園，這種做法已超乎本分。納粹黨認為安東內斯庫比信奉極端國家主義的鐵衛團可靠，使他能在一九四一年一月的權力鬥爭中勝出。安東內斯庫推動羅馬尼亞參與入侵蘇聯的戰爭，寄望能藉此開疆拓土。

歐洲以外的法西斯主義

在一九四五年來臨前，法西斯主義可謂無遠弗屆。反對殖民統治的國族主義者，也情不自禁地對法西斯政權感到好奇：這些政權既挑戰他們的宗主國，也似乎提供了建構國族的意識形態。不過就像在歐洲的情況，種族主義和擴張主義皆阻礙著法西斯理念的傳播。而這些國族主義者，亦通常會同情歐洲的反法西斯運動。

在埃及和敘利亞，都曾出現過挑戰主流自由派國族主義菁英的法西斯浪潮。這些主流菁英盼望英法模式的議會自治，最終能促成國家走向獨立，可是一九三〇年代的經濟危機卻令這種觀點不再有說服力。一些年輕的文武官僚，認為法西斯會是另一條有效且具活力的出路。此時義大利的法西斯政權把自己包裝成伊斯蘭的守護者：他們既興建清真寺，又推廣阿拉伯文，也把侵略衣索比亞的戰爭，包裝成對付伊斯蘭的基督徒敵人之行動。於是，在埃及和敘利亞，都出現穿上法西斯服飾、模仿法西斯儀式的青年武裝運動。

但是這股法西斯潮流並未能持久。其他國家的國族主義者，都察覺到義大利是用文宣掩蓋其帝國主義野心。無論如何，伊斯蘭本身並不一定敵視衣索比亞，畢竟先知早年曾到該國避難。以穆斯林兄弟會為首的伊斯蘭政治運動，對法西斯主義完全沒有興趣，而議會派的國族主義者亦能抗拒誘惑，甚至還堅決反對法西斯主義。在巴勒斯坦，義大利法西斯黨則面臨來自德國的挑戰：德國

裁者。一戰後在巴黎和倫敦擔任武官，一九三四年任總參謀長，一九三七年為國防部長，一九四〇—四四年間出任羅馬尼亞總理，成為二戰期間的鐵腕統治者，並加入軸心國陣營後成為國家元首，集中了外交和兵權於一身。他作為一個反猶太主義者、戰時同情極右翼和法西斯的國家基督徒和鐵衛隊，戰後遭到蘇聯及共產新政府的壓力下，被判以戰爭罪處決。

人嘗試揉合伊斯蘭和納粹主義，為此片面引用基督教和伊斯蘭教的激進傳統，特別是強調其反猶和反民主的面向。

印度國民大會黨的左翼領袖錢德拉．博斯[16]，起初曾受法西斯主義吸引：他認為法西斯黨乃十九世紀義大利復國運動的傳人。他於一九二六年宣稱印度將會實踐法西斯主義和共產主義的結合，英國當局亦因此把他描述成法西斯分子。後來在黨內反法西斯主義者的壓力下，博斯被迫修正自己的觀點：這部分也是因為希特勒以種族理由肯定英國對印度的統治。此後博斯改為師法凱末爾的威權社會主義，但他始終對英國的敵人存在幻想，認為它們會幫助印度走向獨立。博斯於一九四一年逃到柏林，協助德國招募戰俘組織印度軍團。最終他把盼望寄託在印度國民軍身上：這支部隊的成員，原先都是日本擄獲的戰俘。

法西斯主義在歐洲以外的半獨立國家，亦能獲得一定的支持。中國的藍衣社[17]期望法西斯主義的力量，能使國民黨的國族主義運動重拾活力，可是他們比較像是祕密會社，而非武裝的群眾運動。蔣介石於一九三二年短暫下野之際，為重新掌控國民黨而與藍衣社合謀。重奪政權後，他揉合法西斯主義的經驗和儒家的倫常規範，藉此推動政治體制的變革。

拉丁美洲國家不時會倒向獨裁政治，而部分政治運動和政權亦對法西斯主義感到興趣。他們通常都會參考法西斯的威權面向；出於這些貧窮的社會政治動員水平不足，法西斯群眾運動亦不易興起。拉丁美洲未經歷過世界大戰，其政治因此未有變得像歐洲那般暴戾，而政治運動亦未軍事化。拉丁美洲的政府只要能得到軍隊支持，就能夠輕易把反對的民眾壓下去。而大部分拉丁美洲國家亦沒有真正的左翼。獨裁政治在拉丁美洲實在太普遍，當地若出現了另一位墨索里尼，也很難把他與那些平庸而陽剛的軍人統治者區別開來，為自己戴上救主的光環。

---

16 錢德拉・博斯（Subhas Chardra Bose, 1897-1945），印度革命家，領導反對英國統治的獨立運動，二戰期間率領軍隊對抗西方列強。與甘地時為盟友，時為對手。博斯以其激進的獨立方法和推動社會主義政策聞名。一九四五年八月欲尋求蘇聯支持，在台北搭機前往大連時飛機失事，傷重而亡。

17〔譯註〕即三民主義力行社。

巴西卻是其中一個例外個案。熱圖利奧・瓦爾加斯[18]在一九三〇年推翻自由派的寡頭「舊共和」：咖啡為巴西的主要外匯來源，此時其價格大瀉，令巴西陷入經濟危機。隨之而來的經濟及社會動盪令社會兩極化，共產主義者與類似法西斯的整合主義者爭持不下。巴西整合運動至少有二十萬黨員，他們反對自由主義，主張國族主義、反猶主義和反共。他們想根據歷史和文化的定義，把全國各式各樣的族群融合為巴西人種。除此之外，他們也想改變恩庇侍從主義的社會制度，改以效忠國族、服從政權為新制度的基礎。他們採用法西斯慣用的儀式、敬禮和（綠色）制服，夢想能把國家動員起來。法西斯主義的影響除了與宗教的薰陶難分難解，也與軍事改革運動（士官運動）的影響混在一起。義大利法西斯政權和德國納粹政權，亦透過當地的義大利裔和德國裔移民，爭取對整合運動的影響。

就像在羅馬尼亞和匈牙利的情況那樣，整合運動最終也與日益專斷的政權爆發衝突。瓦爾加斯在一九三七年與擁有咖啡園的菁英及部分城市中產階級合作，成立威權的「新國家體系」。他隨後以勾結外國勢力的罪名強行解散整合運動。這個政權亦耐人尋味地對強硬對付親納粹派，義大利人宣稱要達成拉丁裔大團結的說法，在巴西獲得一定程度的共鳴。瓦爾加斯的獨裁政府，亦仿效法西斯黨的部分特徵，特別是其威權和親天主教的面向。整合運動未能成功建立獲得廣泛支持的政黨，好讓他們能應付瓦爾加斯對恩庇侍從關係的操弄。他們亦未能像東歐的法西斯主義者那樣，爭取鄉下窮人的支持：這些窮人無法擺脫莊園主的擺佈。

在拉丁美洲與法西斯主義最相似的政權，乃胡安．裴隆[19]在阿根廷的獨裁

---

18 熱圖利奧．瓦爾加斯（Getúlio Vargas, 1882-1954），巴西律師、地主、政治家，擔任兩屆總統（一九三〇—四五，一九五一—五四），為巴西帶來社會和經濟變革，有助於國家現代化。提倡民族主義，追求社會改革，支持工人權利，也是堅定的反共主義者，儘管被一些人譴責為沒有原則的獨裁者，但仍因其與大企業和大地主的鬥爭而被追隨者尊為「窮人之父」。

19 胡安．裴隆（Juan Domingo Perón, 1895-1974），阿根廷軍人、總統（一九四六—五二、一九五二—五五、一九七三—七四），二十世紀著名的民粹政治家。一九三八年至四〇年間在阿根廷駐義大利大使館擔任武官，見證墨索里尼動員民眾參與重建社會的法西斯主義興起，一九四三年入閣，一九四四年被任命為副總統及陸軍部長，掌握軍政大權。一九四五年與伊娃．裴隆（即著名的裴隆夫人）結婚，在勞工和婦女團體中獲得了更多的支持。他與伊娃創立正義黨，以國家復興和民

政府。這個國家工業化的程度，比其他拉丁美洲國家發達，亦有源遠流長的極右傳統，並受到法國和西班牙的保守天主教國族主義的影響。一九四三年，裴隆在新成立的軍政府擔任勞工部長，從而展開其政治生涯。為了讓政權得到群眾支持，他轉而尋求工會的協助。最終裴隆與工會達成協議，讓政府推動社會福利和收入再分配，而工會則支持阿根廷爭取國際地位的努力。軍政府倒台後，裴隆於一九四六年贏得總統大選。裴隆揉合國族主義和社會主義的作風、他本人對墨索里尼的崇敬、再加上他曾嘗試組建單一政黨，使觀察家認為其政權與法西斯不無相似之處。可是裴隆並未透過群眾政黨奪權，阿根廷的國家體制也因而未有遭政黨凌駕，這是異於義大利和德國的情況。而裴隆主義亦容許反對派有存續的空間。

法西斯運動之失敗

雖然有為數不少的政權和政治運動，都想模仿法西斯主義部分的面向，那些打著正統法西斯旗號的政治運動，大多只能在奪權之路上苦苦掙扎。我們無法為這些運動的失敗找出簡單的原因，經濟危機和恐共情緒在當時實在太普遍，連那些共產主義並不普遍的國家亦無法倖免。

法西斯主義需要結合議會政治和街頭行動，方能達致最好的表現，這是最能說明法西斯運動成敗之解釋，義大利和德國的情況正是如此，而某程度上這亦是匈牙利的狀況。義大利和德國的法西斯主義者，在議會和街頭皆表現突出，根伯什在匈牙利則透過議會政治上台，他在議會外卻缺乏能與保守派盟友抗衡的實力。而議會政治則是法國右翼的弱項：法國極右派普遍抗拒議會，甚至拒絕參與選舉。他們的代表未能組成穩固的聯盟，也因此無法參與籌組政府，他們從未能把街頭上的勝果轉化為權力。不論如何，法國的選舉制度有異於德國和義大利，激進分子無法從中取得甜頭。

族解放為主要內容，同時主張中央集權，在二戰後共產主義與資本主義兩大陣營間創造「第三位置」，歷經政變與流亡，裴隆於第三任總統任期內病故。

在東歐和巴西的法西斯主義者確實曾贏過選戰。可是這些國家欠缺民主傳統，當保守派意識到法西斯主義者的潛在威脅，他們就可輕易地解散國會。而東歐的法西斯主義者，其社會立場亦比德國或義大利的同伴來得激進。沒收猶太資產、抗拒「外來」雇主等主張，在東歐亦顯得格外危險：當地的資產階級，有一大部分都是猶太人或其他少數族裔。當地法西斯主義者也支持農民分配土地的訴求，從而直接衝擊本土的地主菁英。安東內斯庫及其不孚人望的運動對私有產權置若罔聞，幾乎和共產主義者一模一樣。東歐法西斯主義者缺乏保守派的支持，就只能仰賴納粹黨助其奪權。可是納粹黨卻不信任東歐法西斯的極端國族主義，往往拒絕施加援手。

第六章 浴火重生的鳳凰？

原始法西斯主義（也就是「永續法西斯主義」的意思）仍然徘徊在我們身邊，有時還會披上平凡的裝束。若有人宣稱「我要重新開設奧斯威辛」、「我想讓黑衫軍再次在義大利的廣場上遊行」，那我們還可以很容易地做出區別。可是人生絕非如此簡單。原始法西斯主義可以披上天真無邪的偽裝回歸。我們的責任，是要揭露和指斥它所有的新圖謀——在世界每一個地方，每天都要這樣做。

安伯托．艾可，一九九五年六月二十二日

不論艾可的說法如何觸動人心，這始終不是理解當代社會法西斯主義的良方。倘若法西斯主義能披上「平凡的裝束」，那麼我們如何能從身邊五光十色的政治運動中，分辨出那一個是法西斯運動？我們應該探究的，是那些看起來與我們對法西斯的觀感最相似的運動、還是那些看起來最不相似的個案？

艾可的做法，違反探求學問的基本法則（事實上，他亦忽視那些為人際互動帶來意義的規矩）。任何有用的命題，都必須有被證偽的可能——這命題必須容許他人想像如何找到證據，從而在理論上對其予以否定。可是艾可對法西斯運動的判定，卻無法以證據加以反駁。倘若有人提出異議，認為那個政治運動缺乏這個或那個必要的元素，論者永遠都可以推搪：「嗯，可是他們已穿上平凡的裝束。」

我們當然可以從極右領袖那邊找到證據，特別是當他們對支持者宣示教條之時，這說明他們以溫和取態掩飾其法西斯的真面目，在奪權後就會回復本性。可是政黨的性質，卻不是由領袖獨自決定。政黨的溫和策略如果有效，就會吸引更多溫和的成員和選民，而他們也會約制其領袖，最終引致難以預期的結果。事實上義大利的新法西斯主義，就是因為採用溫和的策略，最終被併入主流的保守主義。而英國國家黨的溫和策略卻為組織帶來內訌，並使其步向沒落。

除卻義大利這個例外，那些清楚地宣稱自己是法西斯或納粹的政黨，很少能在選戰取得可觀的成就。本章亦因此不會著眼於這一類政黨。筆者關心的，是那些已經取得一定成就的政黨。這些政黨都抗拒法西斯的標籤，但其政敵（以及少部分的學者）仍會指責他們是法西斯主義者。一如既往，筆者不會釐清究竟這些政黨是否真是法西斯；因為這種問題的答案，完全取決於我們的定義。我們只能指出兩戰之間的極右運動，與當代的極右之間有太多的差異，將兩者歸為同類的定義方式，也只會流於空泛。

筆者會以討論法西斯主義於二十世紀上半葉的傳播之同樣方式，探究戰後的法西斯主義。一方面，本人將列出當代法西斯運動與兩戰之間的運動之異同，而不會徒勞地解釋兩者是否「根本地」一致。另一方面，筆者亦將從參與者的角度作出分析，我們將會探究這些當代運動，究竟如何理解法西斯主義，並瞭解他們是用怎樣的理由抗拒法西斯的標籤。

法西斯主義之再生

法西斯主義於一九四五年變得聲名狼藉，大多數戰後蘇聯、英國和美國的政權，都靠反法西斯的鬥爭取得合法性。雖然根據民意調查，有不少德國人認為納粹主義是被錯誤執行的好主意，新納粹主義者卻只能於部分地區取得成就。德國[1]的憲法禁止組織反民主的政黨，而左右兩翼領導的政府，都準備好要查禁法西斯組織。戰後德國出現經濟奇蹟，政治亦穩定下來，因此沒有政黨會想要撤銷這些禁令。義大利社會相對而言沒那麼安穩。不過在一九六〇年，天主教民主黨在憑藉新法西斯議員的支持而延續執政後，卻激起大規模的抗爭運動，最終總理在壓力下只得黯然下台。畏於外國的批評，甚至促使佛朗哥犧牲長槍黨的利益，容許基督教民主派和保王派坐大。

這並不否定有為數不少的政治運動，顯然是受到納粹主義和法西斯主義的啟發。使用這樣的標籤，有時是為求刻意地自絕於社會。一位美國調查員與白種雅利安軍團領袖查爾斯．賀爾的對談，也許能說明這種心理。

> 你知道吧，真正的白人分離主義者——一個真正的國家社會主義者……都有相似的感覺。永遠都會被卐字標誌、鐵十字這類玩意吸引……卐字標誌毫無疑問是最被痛恨的符號，但它卻應該是最被愛戴、最受敬重的符號……當你把……卐字標誌印在肌膚之上，或是穿上有卐字標誌的衣服，就會與百分之九十九點九的人區別開來。
>
> （摘引自：Betty E. Dobratz and Stephanie L. Shanks-Meile, '*White Power, White Pride!*': *The White Separatist Movement in the United States*）

像賀爾那樣的角色，刻意拒絕主流的政治與社會。在一九九〇年代，美國最多只有一兩萬人加入那些公開的新法西斯團體。這些小團體既要應付針對法西斯主義的羞辱，也要對抗與其格格不入的美國極右傳統。

1〔譯註〕這裡指涉的是德意志聯邦共和國，在一九四九年至一九九〇年之間，其治權只及德國西部和西柏林。

我們或可檢視愛國者運動這個個案。一九九三年二月，美國聯邦調查局於德克薩斯州的韋科圍攻邪教總部，最終釀成七十六人遇害的事件[2]。龍蛇混雜的民兵團體，於事件後有如雨後春筍，這些民團認為獨立戰爭時期那種武裝民眾，可以預防聯邦政府再次把事情搞砸。惟有持槍械的公民，方能維護屬於美國民眾的原初憲法，制止政府為屈從全球世界秩序而賣國。

這些民團像法西斯主義和當代歐洲極右那樣，同樣主張國族主義、民粹主義和反共，但是他們卻也強烈地信奉自由放任主義。他們反對政府的權力，認為政府沒有資格發放駕駛執照、或是向民眾課稅。有些論者認為，政府的存在侵蝕了憲法的真義；另一些論者則認為，憲法是強加於自由美國人身上的枷鎖。有一些講法，甚至認為憲法只是障眼法，是要掩飾美國實際上是由聯合國、教廷、英國王室或國際金融界所統治。他們對支持全球化的聯邦政府抱有敵意，令人聯想起反對歐盟的歐洲極端分子。愛國者運動的某些成員則認為，美國的自由原意是要讓白人尊享，從未打算要與黑人分甘同味。

回望歐洲，義大利社會運動（MSI）[3]的案例，說明即使在對法西斯相對有利的環境，採用法西斯的標籤依然會帶來不利的結果。義大利社會運動於一九四六年創立後，毫不害臊地繼承墨索里尼的形象，起初亦是由隱居的法西斯黨人領導。他們之所以能夠延續下來，主要是因為義大利欠缺有信譽的保守派民主政黨。保守派選民大都擔心，支持右翼政黨會釀成反共陣營的分裂，因而多支持中間派的天主教民主黨。那些拒絕支持天民黨的保守派，或是把選票投給MSI、或是支持同樣被邊緣化的保王派。

在之後的半個世紀，MSI一直都與法西斯傳統的內部矛盾苦苦掙扎。MSI內部派系林立，對何為法西斯都各持己見。他們的社會議程——法團主義、讓

2 大衛教派是一九三四年由胡特夫（Victor Houteff）在美國創立了新興基督教教派，後來分裂出不同派別。一九八四年分裂後，大衛．考雷什（David Koresh, 原名Vernon Howell）領導的其中一派搬到德克薩斯州韋科附近的農場，對信徒施以軍事化管理。一九九三年，因涉及非法囤積槍砲彈藥被調查，該組織拒絕聯邦執法人員的搜查，經五十一天對峙後，該農莊毀於大火，近八十人死亡。

3〔譯註〕義大利社會運動（Movimento Sociale Italiano）為免與「義大利的社會運動」混淆，下文一律採用簡稱MSI。

工人參與企業管理、把關鍵工業國有化——都源自法西斯黨的激進派。但其政治議程相比下卻溫和得多：他們想要的是貼近美國模式的總統制憲法。MSI通常都是由提倡與主流保守派結盟的溫和派主導，因為該黨能從南部的保守派那邊得到最多的選票支持；這些南部保守派當年要待墨索里尼成功奪權，才轉身成為他的支持者。一九六〇及一九七〇年代，有些激進派憤而出走，並投入恐怖主義活動。可是不論是由那個派別作主，MSI從未能取得多於九%的選票——通常遠遠少於這個高峰值。

一九九二年十月，MSI慶祝進軍羅馬的七十周年，他們為此舉辦遊行，一邊做羅馬式的敬禮、一邊高唱歌曲。可是東歐共產體系垮台的衝擊，卻使MSI於這年徹底改變與法西斯主義的關係。此時義大利共產黨已轉型為社會民主政黨，而極右派也因此失去其主要敵人。而在同一年，北方聯盟亦在翁貝托・博西[4]的領導下冒起，他們主要讓較具生產力的北部自治，與「非洲化」的南部切割。以南部為主要根據地的MSI，亦因此成為既存制度的支持者。之後在一九九二至一九九三年間，一直主導政壇的天主教民主黨，因弊案被揭露而瓦解。反對法西斯主義，再也不是獲得政治合法性的前題。如今選舉空間既向右翼開放，MSI也能藉此乘虛而入。

與法西斯黨沒有個人連繫的新生代，就此在詹弗蘭多．菲尼[5]的帶領下改造MSI。菲尼向反法西斯反抗運動擺出和解的姿態，否定獨裁政治、接受民主的價值體系、又批評法西斯黨的種族法案。MSI的改革，為義大利帶來前所未有的事物——也就是自覺的右翼天主教保守政黨。MSI於一九九五年改組為全國聯盟，完成其步向主流的轉型。他們於前一年的大選取得十四%的選票，並

---

4 翁貝托．博西（Umberto Bossi, 1941-），義大利政治家，一九九一—二〇一二年任北方聯盟黨領袖。一九八七年，倫巴底聯盟的地區政黨在國會獲得席位，任命博西為參議員，開始其從政生涯。一九九二年，博西宣示掃蕩腐敗和無能，但本人亦因接受賄賂獲罪；一九九八年，再因煽動暴力而被判一年緩刑，對歐盟持批評態度。

5 詹弗蘭多．菲尼（Gianfranco Fini, 1952-）：義大利政治家，早年參與了二戰後由墨索里尼的支持者組成的義大利社會運動（MSI）的青年陣線，以其成員身分於一九八三年首次當選眾議院議員，一九九〇年代開始將MSI從新法西斯意識形態轉向更傳統的保守政治議程，並於一九九五年將MSI與解散的基督教民主黨成員合併組成全國聯盟，二〇〇八年貝魯斯柯尼重掌政權後，菲尼擔任眾議院議長（二〇〇八—二〇一三），但對執政當局批評甚盛。

加入傳媒大亨貝魯斯柯尼的政府。在其後的右翼政府，都能見到這個政黨的身影。之後全國聯盟於二〇〇九年併入貝魯斯柯尼的自由人民黨，縱使這並未能結束保守派之間的內部衝突。

全國聯盟誠然有受到法西斯主義的影響——「後法西斯」這個用語，正好確認這個事實。該黨的激進派雖面臨過好幾次分裂卻依舊能延續下來，比如墨索里尼的孫女亞歷珊德拉於二〇〇三年退黨。有部分黨員亦同情足球流氓的光頭黨政治。全國聯盟把左右兩翼的革命家都視為靈感的泉源——比如共產主義者安東尼奧．葛蘭西[6]、以及被譽為義大利希姆萊的尤利烏斯．埃佛拉[7]。雖然全國聯盟的主流派抗拒種族不平等的理念，卻認為移民會威脅國族認同。不過我們要採用非常寬鬆的定義，方有可能把全國聯盟歸類為法西斯政黨。義大利最極端的右翼其實是北方聯盟：他們偏執於移民問題，又認為歐盟是由一堆戀童癖所帶動。

一九四五年之後，圖謀以法西斯之名左右政治的運動，在法國則面臨更加困難的局面。與法國固有的極端傳統結連，因他們有過通敵的歷史，也變得同樣不可取。一九七二年成立的國民陣線就意識到這種難處。他們與好幾個想把移民問題炒作成選舉議題的團體聯手，又推舉讓—馬里．勒朋[8]為領袖。一九八三年，該黨在德勒的地方選舉贏得十七％的選票。此後國民陣線雖曾陷入

6 安東尼奧．葛蘭西（Antonio Gramsci, 1891-1937），知識分子和政治家，義大利共產黨的創始人，其思想對當代影響甚鉅。於一九一四年加入社會黨，一九二一年與社會黨左派聯合組建了義大利共產黨。一九二四年被共產國際任命為義共總書記，在羅馬創辦《團結報》，反對墨索里尼的國家法西斯黨，一九二六年墨索里尼藉取締義共之由，逮捕有國會議員身分的葛蘭西，並判刑入獄，獄中寫作大量筆記，包含義大利歷史、民族主義，馬克思主義理論、批判理論等，「文化霸權」理論對後世影響深遠。

7 尤利烏斯．埃佛拉（Julius Evola）是義大利埃佛拉男爵（Barone Giulio Cesare Andrea Evola, 1898- 1974）的筆名，哲學家、文學家、畫家。思想上，埃佛拉反對二十世紀的種種主流價值，雖然他並未加入法西斯黨，但墨索里尼執政時曾積極試圖影響政治，二戰後的右翼團體熱中其著作。

8 讓—馬里．勒朋（Jean-Marie Le Pen, 1928-），法國民族主義者，創立並擔任國民陣線政黨領導人（一九七二—二〇一一年），代表從一九七〇年代到二十一世紀初的法國主要的右翼反對派。作為一個經常成為總統候選人的爭議人物，勒朋的仇外心理、反猶太主義、反歐盟經常引發爭議，二〇一一年他的女兒瑪琳．勒朋繼任國民陣線領導人。關於勒朋父女，本系列之《民粹主義》有詳細的討論。

分裂，又於二〇一二年讓瑪琳・勒朋繼承其父的地位，在總統大選也取得逾十五%的選票。在二〇〇二年總統大選的第一輪選舉，由於左翼內部分裂，讓—馬里能緊接競選連任的賈克・席哈克[9]取得第二名，贏得參與第二輪選舉的資格。

國民陣線在某些層面與法西斯主義有些相似。在菲尼對反法西斯人士展現友好姿態之時，讓—馬里卻使人懷疑他同情那些（質疑猶太人大屠殺從未發生的）「修正主義」史觀。不論如何，國民陣線還是積極地否認任何與法西斯主義的承傳關係。在創黨之時，他們採用「國民」的標籤，認為用這種方法團結焦躁的支持者、吸引廣大的民眾，是比較恰當的做法。可是如此則要面對左翼強烈的競爭：基於戰時投身反抗運動的經歷，他們更能聲言自己乃國族的代言人。在國民陣線取得突破那幾年，他們集中火力爭取那些失望的保守派，宣稱自己是「真正的右派」。在最近幾年，他們又自我標籤為「國民民粹主義者」。這樣他們一方面受惠於「國民」的標籤，同時也顯得自己正在為抗拒左右兩翼政客的平民發聲。

國民陣線否認自己是種族主義者，卻以保衛國族認同為理由主張遣返移民。他們的社會政策可用「國民優先」概括：也就是說，「法國人」理當先獲得房屋、福利和教育。像法西斯主義者那樣，國民陣線也在自由市場和統合經濟之間舉旗不定。不過那些非法西斯的政黨，也同樣如此猶豫。

國民陣線與法西斯主義最明顯的差異，是他們並不會全盤否定民主政治。相反地，他們宣稱要以振興人民主權為目標。為此他們主張舉辦公民投票，又倡議恢復國會原有的權力（第五共和的權力集中在行政機關）。根據他們的講法，這些改革將會削弱非民選技術官僚及建制政客的權力，讓民眾對移民問題、死刑和「國民偏好」的意願能被正視。有異於兩次大戰之間那些法西斯主義者，國民陣線未要求終結有競爭的選舉，也沒有證據說明他們想確立獨裁政治。他們亦沒有像墨索里尼和希特勒那樣以暴力輔選。國民陣線並沒有法西斯

---

9 賈克・席哈克（Jacques René Chirac, 1932-2019），前法國總統，曾擔任法國總理、內閣大臣及長達十八年的巴黎市長。競選第二任總統時遭到勒朋強力挑戰，第二輪投票才勝出。

歷史中的武裝衛隊，雖然他們確是吸引了光頭黨那種想要動武的人。

我們不能簡單地認為國民陣線之所以放棄武裝路線，是因為他們想以不同的手段達成法西斯的目的。希特勒和墨索里尼奪權之路都仰賴武裝支持者的努力，因其政權的性質，這些軍事壓力都是必須的。試想如果黑衫軍、衝鋒隊和黨衛軍，沒有取代公務員、警察和軍隊部分功能的野心，法西斯的歷史會有何等的改變？雖然武裝衛隊可能未達成其所有目標，但我們若認為他們的行動只是次要的，就不可能理解兩戰之間歐洲的法西斯主義。

也許國民陣線起初真的只是想使法西斯主義為人接受，但在去除獨裁政治、一黨專政和武裝路線這些元素，他們的主張就會變成另一種事物。就實際效果而言，他們利用了一般對民主政治廣為傳頌的看法：民主就是多數意志的完全實踐。如此國民陣線就能把民主政治，與多元和寬容區隔起來。

俄國的案例，特別能夠說明將當代極右等同於兩戰之間的法西斯，乃問題重重的進路。黑色百人團固然曾在一九一四年之前取得進展，而白軍於一九一七至一九一八年內戰期間亦是歐洲反革命運動之一員，這些運動都對法西斯主義的發展造成影響。可是隨後的共產主義獨裁政治，卻把俄國從法西斯發展史上剪除。俄國政治地景中可供比較參詳之處，亦因而被扭轉。在蘇聯崩解後，俄國極右的誕生乃源自共產主義之變種。

一九九三年十二月，吉里諾夫斯基[10]那個名實不符的自由民主黨，於杜馬[11]選舉取得約二十五%的政黨票。這個政黨的成立出於共產黨授意，為的是要利用史達林主義當中的國族主義、民粹主義及反猶主義面向，爭取弱勢社群的支持。自由民主黨很快就建立起自身的能量。吉里諾夫斯基性格浮誇，集表演家、空想家、極端國家主義者和男性沙文主義者於一身。他在投下自己那票後，就向外宣稱：「政治陽痿的時代已經結束，今天正是高潮的開始。我在此

10 吉里諾夫斯基（Vladimir Zhirinovsky, 1946-），俄羅斯政治家，一九九一年以來極右翼的俄羅斯自由民主黨（LDPR）領導人，以其激烈的俄羅斯民族主義和反猶太主義著稱，但後來他承認了自己的猶太血統。一九九三年底，LDPR在議會選舉中贏得二十一．八%的選票，二〇〇〇年和二〇〇四年當選為杜馬副議長。

11〔譯註〕Duma，俄國的國會。

向全體國民保證，明年（總統大選時）必會快感昇天。」吉里諾夫斯基的訊息簡單明瞭：俄國人、俄國魂，將會使俄國擺脫屈辱。他承諾要重建俄羅斯帝國，也攻擊外國人和猶太人。

吉里諾夫斯基在俄國政壇還算是位人物，可是他始終是少數派，因為他的政治成就已遭別人奪去。這些盜竊者包括由裘加諾夫[12]領導的俄國共產黨：此時共產黨已重新轉型為極端國家主義運動。蘇聯的共產主義，一直都對富人和外國人有著民粹式的仇恨。裘加諾夫亦尊崇列寧和史達林，認為他們在內戰和外侮的困局中拯救了國家。如今共產主義者已拋棄「西方物質傾向的馬克思主義」，反倒偏好屬靈國族主義，把東正教會譽為俄國歷史的體現。裘加諾夫揚言要為俄國民眾發聲，對抗戈巴契夫[13]和葉爾欽[14]這類為求私利與外國勾結的人。他亦誇口自己從未與女性作嚴肅的對話。

裘加諾夫無疑與法西斯主義，以至國家社會主義都非常相似。可是要在俄國提倡回歸獨裁仍是個困難的任務。就像勒朋那樣，裘加諾夫不欲全盤否定市場經濟和民主政治。他想要保留多黨制，又主張增加國會的權力：這是因為共產國族主義在議會具有實力。共產國族主義者（在俄國混亂的選舉制度空間下）於一九九五年十二月的國會選舉取得勝果，而裘加諾夫後來亦繼續於總統大選取得十七％選票——卻遠遠少於普丁（或是他的代言人）。

裘加諾夫持續以右翼觀點攻擊普丁，可是當普丁在一九九九年擔任總理、並於二〇〇〇年當選總統後，卻取用了許多共產國族主義的元素。普丁這位前

12 裘加諾夫（Gennady Zyugancv, 1944-），一九九三年起任俄羅斯聯邦共產黨中央執行委員會主席，是對戈巴契夫的重建政策和開放政策的主要抨擊者，曾四次參選總統，均落敗：一九九六年以些微差距敗於葉爾欽，二〇〇〇年、二〇〇八年、二〇一二年均敗於普丁及其支持的對象。

13 戈巴契夫（Mikhail Gorbachev, 1931-），一九八五年出任蘇聯共產黨中央委員會總書記，為蘇聯最高領導人。任內推動改革，一九八八年減少對東歐國家的干預，一九八九年起東歐多國和平政權移轉，結束冷戰局面，於一九九〇獲頒諾貝爾和平獎。一九九一年出任第一任（亦為唯一一任）蘇聯總統，隨著獨立國家國協成立，他被迫宣布辭職，蘇聯正式解體。

14 葉爾欽（Boris Yeltsin, 1931-2007），一九八五年獲戈巴契夫提拔，接任蘇共莫斯科市委第一書記，一九八七年卻因嚴厲批評戈巴契夫的政策而被免職。一九八九年全國人民代表選舉，葉爾欽以八十九．四％得票率當選蘇聯人民代表，重返政壇，並成為「民主反對勢力」實際領導人，一九九〇年葉爾欽退出蘇聯共產黨，一九九一年以五十七．四％得票當選俄羅斯聯邦總統。

國家安全委員會（KGB）官員原先默默無聞，不過後來打敗了車臣的分離主義運動、又為自己營造行動派的形象（也為自己的柔道黑帶深感自豪），使他聲名鵲起。雖然多元政治未被根除，但社會也變得沒有一九九〇年代那麼自由。極端保守的東正教會對普丁政權頗具影響力——他們認為同性戀是對國家的威脅。爭取民主的抗爭遭到禁制，相比之下極右派的暴力卻受到容忍。普丁把自己稱為「民主派——俄羅斯的民主派」。

細說因由

雖然要把當代極右與歷史上的法西斯扯上關係，的確是問題重重；儘管這兩種政治運動有那麼多的分別，有為數不少的人相信這些群體有根本上的共通之處，此乃無可迴避的事實。這樣的信念，也是政治生活的必要元素。

極右政黨之間的牽絆就是這種信念的其中一個效果。英國國民陣線和義大利MSI的先例，其影響有助促成法國國民陣線的創立。而英國國家黨則與那些公開主張法西斯主義、並排拒MSI溫和路線的分裂團體串連。這些政黨曾派代表參加全歐洲會議，甚至於歐洲議會內加入相同的黨團。不過這些連繫並未杜絕意識形態上的爭辯，也未能阻止像一九四五年以前那種國族主義者間的競爭。俄國自由民主黨曾與德國極右串連，雙方卻因其反德國國族主義而反目。荷蘭國族主義希爾德．懷爾德斯[15]拒絕與勒朋親近，指斥他是法西斯主義者。

由於各個極右運動皆各自發展，我們也無法以簡單的答案解釋其崛起。它們對全球化的抗拒乃最明顯的共通點：從曼徹斯特到莫斯科，極右派都討厭麥當勞，也同樣攻擊移民。西歐的極右都譴責歐盟是全球化的走狗，就像美國極右批判聯合國那樣。在東歐新興民主國家被納入歐盟後，他們懼怕將會從東歐湧進新一波移民潮。

15 希爾德．懷爾德斯（Geert Wilders, 1963-）：荷蘭政治家，透過宣傳反伊斯蘭和反移民觀點成為具影響力的政治力量。一九九八年代表自由民主人民黨當選眾議院議員，二〇〇二年擔任黨發言人，二〇〇四年退黨，部分原因是該黨支持土耳其加入歐盟，他在二〇〇六年創自由黨。儘管反移民立場面臨仇恨言論的審判，但自由黨仍有相當高民調與席次。

可是極右攻擊全球化，卻不代表全球化是解釋極右興起的簡單因素（就如我們無法以「現代化」簡單解釋法西斯那樣）。要以全球化解釋極右冒起之所以如此困難，是因為全球化並非近年的新興現象；國族國家一直都要應對資本主義、科技變革及先進通訊的國際趨勢。在一八八〇年代，極右派面對猶太裔羅斯柴爾德家族的銀行，就已經視之為普世金融資本神祕力量的化身。探究「全球化」這個詞彙何以會被極右採用、又以甚麼方式被用作政治動員，這樣做會比較有意義，畢竟細察之下，什麼是全球化、什麼不是全球化，都是論者有意識的選擇。政客定期會運用這個詞彙肯定自己的政策（「忍受低薪吧，不然我們就無法在國際競爭，你也會失去工作！」），亦只有很少人會全盤否定全球化。舉例來說，法國的獨立書商討厭全球網路書店的競爭，卻又想透過翻譯哈利波特系列獲利。我們必須探索極右是在攻擊國際化的哪些面向，以及他們何以會重視這些面向，同時，我們亦不能忘記國際化的推展，仍須面對源自個別國家的重大障礙。

在繼續討論之前，我們要知道對法西斯主義的抗拒，早已不再左右政治地景的生態。世代變更之後，既有的反法西斯論述亦已顯得「樣板化」。一九六八年的學生起義，無可避免地會進一步削弱反法西斯運動：他們諷刺前輩的反法西斯運動，認為這都只是犬儒的操作，為的只是確立自身權力的合法性。這些學生也毫無節制地把當代政府貶斥為法西斯，使這個詞彙失去具體內容而變得空洞。

極右政治之所以變得更為人接受，另一個原因是知識界將極端國家主義重新定義。這種做法的效果，就是把排外和不寬容用自由民主的普遍主義語言表達出來。他們以三種偶然互不相容的方法重新演繹自由價值。首先，法國思想家阿蘭・德伯努瓦[16]和一九七〇年代的「新右派」思潮，在當中扮演極其重要的角色。這股思潮除了是對一九六八年學生運動的反動，亦將部分自由理念與右翼思想的傳統泉源結合，形成一套旨在與普世民主價值對抗的意識形態。新

16 阿蘭・德伯努瓦（Alain de Benoist, 1943-）法國記者和政治哲學家，新右派（Nouvelle Droite）的創始成員，受德國保守革命思想家的影響，反對基督教、人權、新自由主義、代議制民主、平等主義，以及反對資本主義美國。

右派提出的結論，大都不是嶄新的觀點——我們不難見到，這其實只是把啟發兩戰之間法西斯的偽科學略為修改而已（無可避免的國族競爭、優勝劣敗、個人不平等之必要、種族純正之必須）。他們真正原創之處（也許不是那麼原創，因為納粹激進分子奧托．史特拉瑟曾擁抱類似的想法），在於運用「平等權利」的理念，合理化對國內少數群體的歧視。新右派宣稱為求保存國族所謂的獨特之處，就必須對少數族群差別對待，這是因為種族皆有保持純潔的權利。這種對極端國家主義的新詮釋是否真的會帶來實效起初並不明顯，畢竟新右派只吸引少數（卻遍及整個歐洲）的知識群體。

除此以外，亦有另一種方法可將自由主義與國族主義連結起來。參與二〇〇二年荷蘭大選的皮姆．佛杜恩名單[17]乍看乃典型的當代極右。他們抗拒移民，認為移民釀成「荷蘭的伊斯蘭化」，又想要廢除禁制種族主義的法律。不過佛杜恩本身卻是已出櫃的同性戀者，他批評伊斯蘭教為「落伍宗教」，威脅了西方的寬容政治、以及婦女和同志權益。佛杜恩在選舉前遇刺喪生，他的組織卻取得亮麗的成績，只是隨後卻因內爭而倒下。到了二〇一〇年，佛杜恩大部分的支持者已加入懷爾德斯領導的荷蘭自由黨。這個新政黨與歐洲各地的極右比較近似，可是也同樣把伊斯蘭描述成對自由的威脅，又貶斥讓—馬里．勒朋為「法西斯主義者」。這種「自由不寬容主義」在荷蘭尤其盛行。即或如此，法國的瑪琳．勒朋也未有全心全意地反對同性婚姻，而瑞士排外政黨中間民主同盟也設有同志部門。

要把自由主義改造成對極右有利的樣式，還有第三種自相矛盾的進路。一九八〇年代，以英國首相柴契爾夫人和美國總統雷根為首的新保守主義者，開始對左派展開攻勢。在經濟層面，這意味着要透過放寬管制重振自由經濟，以及推動自由的全球貿易。新保守主義反對新右派的經濟國族主義，可是他們同樣以國族為理由肯定自身的政策：他們認為於全球競爭的時代，經濟自由化能強化國族。新保守主義在文化層面顯然並不自由，尤其在移民和同性戀議題上

17 皮姆．佛杜恩名單（Pim Fortuyn's List），由佛杜恩（Pim Fortuyn, 1948-2002）創立的政黨，佛杜恩對荷蘭多元文化主義、移民以及伊斯蘭問題等話題的爭議性意見而被稱為極右民粹主義者。於本系列之《民粹主義》有詳細的討論。

特別如此。

柴契爾夫人和雷根都是民主保守派，但法國新自由主義的發展卻集中在極右圈子，因為當地政壇主流都抗拒這股潮流。國民陣線展開群眾政治的處境，亦令人聯想起兩戰之間法西斯興起的時代：當時受到法西斯理念吸引的，大都是失望的保守派。一九八一年全球經濟危機之際，法國社會黨首次贏得總統選舉，甚至能組織以左翼為絕對多數的政府。在國外新保守主義獲得動力之時，右派卻陷入無日無之的內訌。起初國民陣線的支持者，比較多是資產階級、老人家、天主教徒、保守派以及社會主義的反對者，當時他們的政綱也貼合這群選民對自由市場的訴求。國民陣線的種族主義，剛好與自由經濟的市場互相呼應：阿拉伯裔正好象徵著無法在市場競爭、倚賴社會福利過活的「失敗者」。

當主流右派（忽冷忽熱地）擁抱自由經濟之時，國民陣線卻反其道而行。國民陣線持續取得右派選民的支持，尤其是在法國鄉下的小鎮。在地方政治的層面，國民陣線會與右派而非左派合作。可是它也成為一個年輕男性勞動階層的政黨，這些選民經常失業、教育水平較低、並住在大城市市郊的工業區。在一九九五年的總統大選，有三成工人將選票投給國民陣線，比社會黨或共產黨的比率還要高。在國民陣線內部，有些人主張與議會的右派結盟、另一些人則寧願針對左派選民，兩派之間頗有張力。不過到二〇〇〇年代，國民陣線大體上已放棄新保守主義，反倒選擇在全球化及外來勞工之大勢下捍衛法國人之職位——這樣的政綱，對不少右派選民來說也同樣具有吸引力。國民陣線面向窮人的做法，在歐洲其他地方皆有人模仿。

隨着西方經濟步向去工業化，幾十年來年輕低技術男性備受失業威脅，顯然是釀成這種局面的原因。俄國和前東德面臨自由市場改革的衝擊，其重工業和農業紛紛崩潰，這些產業的選民也都倒向極右。經濟上的困局又往往伴隨文化上的弱勢。對不少年輕男士來說，工作既不會帶來歸屬感、亦不會帶來地位。文化壓力鼓勵炫耀性消費，消費品又與性魅力緊密扣連，貧窮的單身男性因而感到被排擠。他們不滿政府多傾向處理性別、種族和性傾向的歧視，卻對階級不公視而不見——毫無疑問，政府忽略階級不平等，是因為惟獨這是資本主義衍生的問題。亦因如此，極右對富人不滿、又討厭事業有成的女性。在市郊猶如貧民窟的屋村，年輕白人男性與移民對峙，指責他們帶來犯罪、又襲擊「我們」的女士。而另一些人則放開心懷，讓政黨把他們定義為受壓迫的「少數群體」：根據某種定義，他們姑且也算是這樣。不過貧窮白人乃主流族群內的弱勢成員，與移民相比倒較易獲得警方及傳媒的同情，只是他們絕對稱不上是優勢族群。

極右之所以能輕易獲得工人支持，部分原因是由於一九九〇年代，有好幾個社會主義政黨改為擁抱新保守主義的議程。左右兩翼之分野變得模糊，兩者都在為經濟轉型的獲益者說話，使輸家們失去了自己的代言人。當左派為求勝選而向右走之際，意欲與左派區隔的保守派政黨就舞弄起排外主義。如此不願為人所超越的左派，亦為安慰選民而保證不會在移民議題上示弱。反移民政策也就登上大雅之堂，雖然這種轉變，既能幫助極右取得合法性、亦能使極右變得多餘。不論如何，移民終究都是輸家。

回顧上文之敘述，當代極右興起的背景，與法西斯主義和納粹主義冒起的情況有天淵之別。即使只論及兩戰之間的案例，歐洲不同地方的處境亦判若雲泥。就算是在同一個國家之內，擁抱法西斯的人，亦各有自己的因由。

結論

以上的個案研究顯示，那些直率地繼承法西斯主義遺產的人，很少能夠晉身主流政治。那些想要在所謂民主時代獲得認受的極右，都採取著其他的進路。菲尼的全國聯盟最終也併入保守派的主流——雖則那是貝魯斯柯尼那種異常右傾的主流。德國的暴力極右政黨則是另一個極端，他們的黨員有為數不少的光頭黨，又屢向移民施以暴力。他們要影響主流，也就相當吃力。

那些法西斯主義最成功的傳人，都會像國民陣線那樣重新轉化，成為於民主框架內運作的種族主義民粹政黨。約爾格·海德爾的奧地利自由黨也大體上採取這種做法，他們在一九九九年十月的大選取得第二名。此後自由黨的領袖逝世，對外面臨歐盟的制裁、內部又因為關於自由市場和福利政策的爭議鬧分裂，可是他們依舊存活下來，仍然能在奧地利政壇獨當一面。英國國家黨一度看似能闖進主流政壇，可是到了二〇一一年卻因英國獨立黨的興起而沒落：這個新政黨把對東歐移民的仇恨，與比較傳統的保守派不滿情緒結合一起。

兩戰之間的法西斯主義與當代的極右，兩者之間確有真實的共通之處（極端國族主義、歧視少數族裔、反女性主義、反社會主義、民粹主義、對建制社會政治菁英抱有敵意、反資本主義、反議會主義）。可是兩者之間，亦有着明顯的分別（欠缺集體動員和武裝暴力，也沒有創建一黨獨裁黨的野心）。當代極右通常只想運用民主政治的歧視潛力，而不欲將其推倒重來。這並不代表當代極右與法西斯相比，是「較不邪惡」或「較不危險」。這個關乎倫理價值的問題，就容讓筆者留在最後一章處理。

第七章

法西斯主義與國族[1]和種族

法西斯主義和納粹主義都是種族主義者，可是法西斯的種族主義，卻有異於納粹主義那套。在納粹德國，建基於生物學理論的種族主義，於內政外交的各個層面皆無孔不入。而在義大利，種族健全是社會政策的主要關懷，其帝國

1〔譯註〕原作者於書中使用 nation 一語，用得頗為隨意。在本章討論法西斯主義和國族主義的關聯時，既未有清楚定義國族主義、也未有顧及國族主義的分類。本章以至全書論及之國族主義，主要指涉族裔國族主義（Ethnic Nationalism），而非所有類型的國族主義。讀者宜閱讀其他關乎國族主義的著作，從而思索各種國族主義與法西斯主義不同的關係。Benedict Anderson 的《想像的共同體》、Rogers Brubaker 的 *Citizenship and Nationhood in France and Germany*，以及 Liah Greenfeld 的《民族主義：走向現代的五條道路》，皆有論及國族主義的分類。而本書關乎極右派的敘述，宜同時參考本系列之《民粹主義》。

主義政策乃赤裸的種族主義，法西斯政權後來引進排猶法案，薩羅共和國則參與滅絕猶太人的終極解決方案。不過沒有人會以為義大利法西斯在不受干預的情況下，會去實行自己的終極解決方案[2]。納粹主義針對猶太人，犯上史無前例的滔天大罪，也使不少學者懷疑德國納粹和義大利法西斯，是否真的可以一同歸類為「法西斯主義」。

誠然，倘若我們真要如此理解法西斯主義，就要知道這種理解無助於解釋歷史上任何的法西斯運動或政權，因為運動或政權之間的差異，在歷史分析上舉足輕重。除此以外，我們亦將見到義大利和德國在種族政策上的差異——這些差異，有些真實、有些出自想像——對兩國關係、以至對法西斯主義的國際形象，皆有不可取代的作用。

在當代冒起的極右運動，關乎種族的爭議亦是同樣的複雜。所有極右皆看重反移民政策，可是主張種族滅絕的卻絕無僅有。當代極右都會公開否定種族不平等的觀點——而這正好就是法西斯黨和納粹黨的信條。就如南非的種族隔離政權那樣，他們堅持種族（就如性別那樣）「平等而有別」。我們若仔細檢查，會發現這些宣稱都是虛假的，可是這樣的宣稱，仍是極其重要。

生物及文化種族主義

在繼續討論下去之前，我們必須先界定一下概念。這不是因為我們想要分門別類。問題是與事者都會把事物歸類，而這些類別對生者和死者，都產生實際上的影響。首先，反猶主義並不一定會伴隨着種族主義，畢竟把猶太人視為種族而非宗教群體，是頗為近期的現象。此外，我們亦必須分辨出不同種類的種族主義。

反種族主義者認為，宗教、語言和文化差異只要未妨礙別人，都完全可以接納。他們反對「忠誠測試」，比如是考核國史知識、或是支持國家足球隊。沒有人會基於其族裔背景，而被認定較有可能犯法；而對觸法的人，亦應平等

2〔譯註〕排猶法案乃因應與納粹德國結盟而推行，薩羅共和國更是獲德國撐腰的傀儡政權。

以待。人人皆同樣有權面臨「公正程序」，被定罪就應判處同樣的刑罰——非國民不應面對刑期和遞解出境的「雙重刑罰」，因為這樣就是歧視。反種族主義者也可能同時主張**多元文化主義**，認為任何不損害他人的文化差異都是可以接受的[3]。

最沒有彈性的種族主義會主張，種族是由**生物學**特徵所定義。生物特徵既是無法改變，變換國籍也是不可能的事。實際上，納粹黨認為融入社會的猶太人，因為能夠裝扮成德國人的緣故，比其他猶太人都來得危險。生物種族主義亦會劃分尊卑等級，當中最卑賤的人則與高等動物沒有清晰的分別。這些「次等人」應為高等種族的利益服務，甚至可以殺害。自十九世紀末，部分極右分子開始認為猶太人是種族而非宗教群體，而這種想法後來則為納粹黨採納。

在二十世紀初，大部分受過教育的歐洲人思考種族問題都會採取**同化主義**的觀點。他們認為一個人若活在國族文化中，學習其價值觀和語言、甚至信奉其宗教，就可能被「同化」為其中一員。同化論意味任何人都有可能取得國籍，亦因此有時會與進步政治扯上關係。根據這種立場，自由化的法國和匈牙利在十九世紀授予猶太人公民權——條件是他們要避免公開展示族群差異。而在蘇俄的猶太人亦同樣在政府體制內扶搖直上，可是政權亦會無情地掃除可見的差異。同化主義者如果猜疑未能遵從主流文化特徵的人，就有可能變成種族主義者，可是他們「只會」針對（據說）未能同化的個體，而不會對付整個族裔群體。在實際操作上，同化論和生物特徵論的種族觀未必恆常涇渭分明，可是這兩種不同論述，在特定的處境還是會造成關鍵的影響。

兩戰之間的歐洲同化主義有時也會運用壓迫手段，比如是關閉教授少數語言的學校。而究竟個體需要多少時間方能達成同化，亦是重大的議題。巴雷斯認為要花上好幾個世紀的時間，才能透過接觸國家的土壤，逐漸薰陶出法國的國民性格。可是猶太人卻活在城鎮中，從未翻過法國的泥土，也就無法成為完全的法國人。在兩次大戰之間，這種論及「血緣和土地」的國族主義，在法西斯或非法西斯的歐洲右翼甚為盛行。這種論述未給予少數族裔轉換國家認同的

3 這部分亦可參考本系列的《多元文化主義》。

空間，亦因此有可能會變得極度排外。

即使是納粹黨，也會混合使用同化論和生物特徵論的思維，令這兩種種族主義論述之間的界線模糊起來。納粹會強迫同化那些被視為與日耳曼親近的族群。國家社會主義人民福利組織會強制遷移德國父親與荷蘭或挪威母親生下的子女。他們亦自波蘭的孤兒院拐帶兒童，並嘗試以紀律和苦工把他們日耳曼化。納粹的「專家」們又在學術期刊爭辯個別群體的可塑性——這樣他們就以科學之名，使其政策能獲得尊敬。

而極右也從未能壟斷種族主義，如此又使問題變得更為複雜。種族主義也或隱或顯，不時形塑着左翼的思想與行為。左翼種族主義的歷史超乎本書的範圍，不過我們還是要知道左派對同化通常都比較樂觀，也很少認為種族政策能解決所有的社會問題。社會主義者傾向相信階級比種族重要，而自由派則強調任何人不論出身皆自有其基本權利。

納粹主義

納粹黨的種族主義看起來簡單直接，只是後來卻有些學術詮釋不再看重種族主義在納粹運動內的角色。馬克思主義者多認為，反猶主義其實是資本家掩蓋工人苦難真正源頭的說辭。韋伯學說則認為猶太人只是個方便使用的象徵，其背後代表的，歸根究柢是法西斯主義者痛恨的近代世界。這些詮釋固然有其說服力，但種族主義卻不只是達成其他目的之手段。

近年對納粹主義的分析，說明種族議題充斥着納粹主義的各個面向。這並不是說其他偏好對納粹無關痛癢，或是說種族主義是淩駕一切的「核心理念」。我們於下文會見到另一些偶然有所衝突的偏好，會被納入種族主義的說辭之中（比如說是為了避免干犯盟友）。即使是那些被視為納粹政權核心的人物，亦會質疑納粹種族政策的某些層面。

不過希特勒的確相信種族是左右世界的主要力量，而這種信念也引致恐怖的結果。他篤信生物種族主義的各項前題。在《我的奮鬥》中，希特勒描繪出各大種族的尊卑秩序，並尊雅利安人為各族之首。他認定各種族為獲求主導權，之間必然有着達爾文式的鬥爭，而各族亦自有追求純粹的渴望。個人和群體為種族之利益自我奉獻，就能得以圓滿。希特勒認為，猶太人一直為削弱雅利安種族而鬥爭，特別是會推廣普世的資本主義和共產主義，以及煽動「健全」國家互相開戰。希特勒亦認為性產業是猶太人敗壞雅利安人的謀略，為的是要撒播梅毒和遺傳疾患。亦因如此，納粹黨提倡以優生學解決種族問題：選擇地配對生育、對弱者施行絕育、又為優質人口的福利訂立法案。希特勒未有明言主張種族滅絕，可是他用來形容猶太人的詞彙——細菌、水蛭、寄生蟲——卻認可了集體謀殺。

歷史學家正確地指出納粹黨在崛起之時，只把猶太人視為要攻擊的敵人之一（就像波蘭人、天主教徒、共產黨和社會民主黨那樣），這是他們爭取保守派支持的手段。由於猶太人並未構成直接的威脅，起初他們亦非納粹黨首要的針對目標。可是反猶主義卻一直充斥於納粹黨的文宣之中，也是希特勒及其親信的執念。在一九三二年的總統選舉宣傳海報，上半部羅列出共產黨員和社會民主黨員的肖像，並以模仿希伯來字母的字型標示：「我們會投給興登堡！」海報的下半部，則是一群會投票支持希特勒的納粹黨高層，旁邊的標題則採用傳統的德文字型。在別的海報，則描繪邪惡的猶太人在共產惡魔旁細細耳語。

猶太人後來面臨的種族滅絕，本非無可避免的結局。可是納粹黨卻能說明自己既能戰勝共產黨、又曾策畫德國的國族復興，從而贏得正面的形象，他們因而能憑藉這股聲望，將其種族主義的計畫付諸實行。在授權法案通過後，限制猶太人擔任公務員及專業人士，乃納粹政權首先推行的措施之一。一九三五年，猶太人被禁止與雅利安人通婚或發生性關係。除卻那些明顯具有種族色彩的法案，其他法案的背後亦同樣有種族上的考慮。在一九三三年七月通過的「遺傳疾患承傳預防法案」，容許對特定群體施行強制絕育。鼓勵全職投入家庭的婦女，也是為求增加優良種族的人口。到一九三五年，所有計畫結婚的人，都必須先申領種族成分的合格證明書。當局亦拒絕把婚姻貸款、以及對大家庭的獎賞，提供給「種族價值欠佳」的申請人。在開戰前夕，納粹政權展開殺害精神病患和智能障礙者的計畫。這一系列的措施，都是為求建立種族純正、身心健康的人口，以符合戰爭的需要，讓他們能與低等種族開戰、征服東方的生存空間。起初當局寄望日益蹇促的生活，能迫使猶太人遠走他方，可是他們既不願讓猶太人帶走資產、又不讓外國政府收容猶太人，這種盼望遂淪為泡影。納粹運動持續施壓、再加上戈培爾想要討好希特勒，最終於一九三八年十一月九至十日釀成排猶暴動——這次事件又被稱為水晶之夜[4]。事發後，猶太人的財富遭充公。迫使猶太人逃亡仍是納粹政權的目標，但同時，黨衛軍在反猶政策上也贏得更大的影響力。

納粹的猶太政策最後之所以變得激進化，乃東線戰事促成的結果。不過我們也必須知道，策動對付「猶太布爾什維克主義」的戰爭，一直都是納粹黨的目標。一九三九年一月，希特勒宣稱若猶太金融家把歐洲捲入戰爭，結果將不會「令大地布爾什維克化，從而使猶太人獲勝，反倒會使在歐洲的猶太種族煙消雲散」。有些納粹黨員把這句脾氣話詮釋為對「自願」遷移的肯定；另一些人則認為希特勒想把猶太人強制遷移到馬達加斯加或波蘭——這樣的政策若付諸實行，必會死傷枕藉。希特勒的宣言，亦授權殺害波蘭占領地的猶太人。自一九三九年十二月起，當局把猶太人集中於隔離區、強迫勞動、或是驅逐他們，這一切都遠遠超過一般對人類行為的規範。之後，為了準備攻打俄國，當局向黨衛軍的特別行動隊發出指引，授權他們處決若干層級以上的共產黨官僚、在黨國任職的猶太人、激進分子、破壞分子、文宣隊員、以及其他林林總總的對象。這些命令給予特別行動隊龐大的酌情權，畢竟在實際運作上，要確認某人是猶太人或共產黨並不容易。特別行動隊在各地的「行動」殺害數十萬計的猶太人。在一九三九年末，希特勒和他的部下就實現了一月的預言。如今是否殺害猶太人，已不再是一個問題，何時、何地、何法，才是他們當前的考慮。

4 水晶之夜（Kristallnacht）：一九三八年十一月九日至十日凌晨，納粹黨員與黨衛隊襲擊德國全境猶太人的事件。希特勒掌權後，猶太人處境日益艱難，從抵制猶太商家、開除公職、限制與雅利安人通婚等。一九三八年十月底，一批德國境內猶太人被驅逐到波蘭，一名在法國生活的少年得知家人被流放，憤而槍傷德國駐法外交官，外交官傷重不治的消息在宣傳部長戈培爾的利用下，激起反猶太的怒火，十一月九日深夜開始一直到隔天，納粹暴徒在德國各地焚燒或破壞猶太教堂、損壞猶太商家、醫院等，近百名猶太人在暴力事件中被殺害，以商家的碎玻璃稱為水晶之夜。之後德國猶太人的處境更加惡化。

一九四二年初，納粹政權決定讓猶太人在集中營勞動至死，或是把他們即時處決。最終有約六百萬猶太人喪失生命。

直到一九四二年的春天，納粹政權的高層仍然假設猶太人的問題，必須要待戰勝布爾什維克後才有望完全解決。他們在意識到戰爭會變得漫長後，才決定於戰爭期間實行終極解決方案。殺戮的開展，使納粹德國與外國盟友的關係起了變化，因為殺害猶太人乃歐洲種族再造計畫的一部分。納粹政權明白在前線的變動和遷移，都會分化他們的盟友，而隨着長期戰的開展，他們卻更仰賴盟友的協助。亦因如此，他們只能把精力都集中在猶太人。自一九三〇年代起，反猶主義一直都是納粹黨用來擴展影響力、並與法西斯黨競爭的一種主要方式。如今納粹德國想讓盟友參與終極解決方案，從而鞏固他們的聯盟。這為盟友的忠誠帶來了考驗。納粹德國的盟友對此心知肚明，又眼見戰況對軸心國愈加不利，就開始把自身的種族主義與納粹主義切割。各類種族主義的分野，如今也變得事關重大——這對德國的頭號盟友帶來顯著的影響。

義大利法西斯、反猶主義、和種族

歷史學家多認為法西斯黨的反猶主義，乃源自德國的影響。他們正確地指出義大利反猶風氣相對薄弱，而猶太人亦曾於法西斯黨國身居要職。墨索尼里的一位情婦瑪格麗塔・薩爾法季亦是猶太人。

近年的研究卻顯示，義大利終究還是有自身的種族主義和反猶主義傳統。義大利國族主義者協會自一九一〇年創立以來，就以種族主義為由肯定帝國主義，聲稱優生學能夠改良義大利種族。在一九三〇年代前，種族主義在實務上的影響主要集中在內政層面。法西斯黨意欲完成義大利的統一進程，而實踐這種目標的理據，就是為求與「棕種人和黃種人」競爭。國族主義者問道於像人類學家朱塞佩・塞吉這類優生學學者，這些學者宣稱只要增加人口並改善其質素，就能幫助義大利人實踐帝國擴張的使命。

完成統一進程的運動，卻也帶來對少族族裔的敵意，在有主權爭議的邊境，少數族群看起來格外危險。在法西斯黨奪權之際，黑衫軍也同時襲擊西北部「低等」的斯拉夫少數族群。法西斯黨執掌政權後，又強迫南提洛的日耳曼少數族群同化——這個地區在歐戰結束後才剛被義大利吞併。法西斯政權引用可疑的人類學和歷史學證據，想要證明提洛的德語人口，其實是在哈布斯堡帝國治下被日耳曼化的義大利人。這類猜想，使得把姓氏義大利化、查禁德語報章、強制以義大利語為行政語言、以及關閉德語學校的政策合法化。希特勒為求與義大利友好，也對這些歧視政策視而不見。

反猶主義雖然沒有那麼流行，但依然存在。雖然反猶並非國族主義者協會的正式立場，他們偶而還是會批評猶太人欠缺愛國熱情。天主教媒體乃反猶論述之主要來源，自一八九〇年代起，他們除了認定猶太人不僅是基督宗教的敵人，也同時是一個種族。這些媒體因而主張歧視猶大人，甚至要把他們驅逐出境。法西斯黨吸收天主教徒和國族主義者為成員，也一併輸入了反猶主義。這情況在圍繞著法里納奇的圈子特別明顯：他們反對法西斯主義「正常化」，堅持要推行更徹底的革命。這些激進分子都對德國持批評的態度，因此他們的觀點並不是仰慕納粹主義的結果。

不論如何，在一九三〇年代之前的義大利，種族因素並未有像德國那樣完全左右內政和外交政策，反猶主義的影響亦更不明顯。法西斯黨比較想要提升出生率，並沒有那麼想去排除弱者。事實上，墨索里尼在爭取海外影響力時，也強調法西斯普遍主義乃納粹種族主義以外的選項。他曾於一九三〇年嘲諷生物種族主義。墨索里尼認為特定種族身分只是一種「感覺」，亦因此是任何人皆能獲取的身分。

法西斯政權自一九三〇年代中期起，其種族主義和反猶主義則變得日益強烈。在一九三四至一九三五年間，法西斯黨提倡「非洲低等」的論調，藉此肯定侵略衣索比亞的戰爭（在列強之間，唯獨德國支持這場戰事）。殖民主義的推展使義大利更著重自身的種族是否純正。不過由於不少人都認為猶太人乃義大利種族之一員，這並不必然會導致反猶主義。可是海外的法西斯運動到一九三〇年代中期，都改為尋求納粹主義的奧援，墨索里尼認為若要維持競爭力，唯有壯大自身的反猶追隨者。而且，納粹主義的興起亦間接地令墨索里尼確信猶太人乃反法西斯運動的主要推手。

法西斯政權最終把生物種族主義和反猶主義奉為官方立場。猶太人於一九三八年被褫奪專業身分，其業務亦為當局收歸國有。雖然有些法西斯黨人嘲諷這次轉向，卻無人為此退黨。也許這是因為政權的發言人，偶然還會以文化和／或宗教定義種族，讓反對者感到安心，而且一開始不確定的定義也為法律的適用帶來彈性。當局在一九三九年提出新政策，容許猶太人證明父母其中一人為生物學定義的「雅利安人」，可是這項政策的執行頗為隨意，也帶來貪腐的空間。

文化種族主義和生物種族主義的分野，在一九四二年又變得事關重大。在盟軍趨近義大利之際，與德國的盟約此時也顯得不合時宜。這樣當德國要求義大利遞解猶太人，政府就堅持要保護當中的義大利公民——義大利在法國、希臘和克羅埃西亞的占領地當局，亦拒絕向德國交出猶太人。德國承認，義大利不合作的舉動已鼓勵其他軸心國盟友作出抵抗。

義大利於一九四三年向盟軍投降後，薩羅共和國控制了北部，讓德國在當地有更大的游刃空間。雖然薩羅共和國倚賴德國的資金和部隊，可是這並未完全奪走法西斯黨的權責。即使在那裡，德國要遞解猶太人還是不得不尋求義大利人的協助，因此他們透過薩羅共和國的獨立決策，軟禁境內所有猶太人、並動用當地義大利警察的力量。儘管如此，由於民眾團結一致地反抗，最終有逾八成猶太人能夠逃出生天。

歐洲占領地的種族主義

德國意識到在其歐洲占領地，種族主義的含義備受爭議，其政策也因而受到影響。隨著德國之勝利漸少，甚至於一九四三年二月在史達林格勒由勝轉敗，納粹政權也加緊迫害猶太人。不論是法西斯還是保守派，與德國結盟的政權此時亦不再輕易甘願妥協，以幫助德國遞解猶太人。於是，同化主義與生物排猶主義之間的區別，在政治上又變得重要起來。

羅馬尼亞的鐵衛團認為宗教才是國族之本，有時甚至會譴責生物種族主義。可是他們亦會運用種族主義貶斥親法國的自由派菁英。鐵衛團亦會展現自己為特契亞農民的傳人——這個族群據稱是羅馬尼亞被羅馬征服前的原住民。他們認為羅馬尼亞當代的統治菁英，都是羅馬或土耳其—希臘裔遷占者的後人，偏好受猶太人和法國影響，從而使國家腐敗不堪。一九三〇年代末之前，滅絕猶太人的主張在羅馬尼亞極其常見。在第二次世界大戰爆發前夕、安東內斯庫的威權政府執政之時，國內亦經常發生排猶騷亂和反猶屠殺——這包括在雅西那場特別血腥的事件，科德里亞努在事件中殺害當地的警察長官。羅馬尼亞為侵略俄國的戰爭提供兵力，期間與德軍聯手屠殺猶太人。羅馬尼亞政府起初配合德國的遞解計畫，可是到一九四二年末卻開始拒絕引渡猶太人。這部分是出於教會和王室的抗議，此舉令宗教的國族定義再次變得重要。

義大利、羅馬尼亞和保加利亞都曾拒絕引渡猶太人，它們也毫不意外地於戰爭後期轉換陣營。在其他地方，納粹政權也只能透過直接施壓強推遞解令，以及向缺乏民意基礎的法西斯死硬派尋求支援——就如義大利的發展那樣。直到一九四四年被德國占領之前，匈牙利政權始終拒絕驅逐國內的猶太人。法國政府。[5]在這個議題同樣猶豫不決。他們曾於一九四二年末拒絕褫奪法國猶太人的公民權，可是隨後又自願協助引渡法籍和外籍的猶太人，如此法國全國就淪為德國的勢力範圍。當德國於一九四二年十一月占領法國全境後，他們促使法西斯少數派協助遣送本地和外籍的猶太人；不過就像在義大利那樣，民眾也拯救了更多的猶太人。

當代極右的種族主義

為求得他人的尊重，當代極右都會矢口否認自己是種族主義者。就像新右派那樣，他們堅稱全球化和多元文化主義的建構者，方是真正的種族主義者，因為他們侵害了國族的獨特性格。

為了讓白人國族主義更符合主流品味，曾為三K黨成員的大衛·杜克成立了全國白人權益促進協會。這個組織主張「人人皆應享有平等的權利和機會，

5〔譯註〕維琪政權。

這包括白人在內」。

英國國家黨亦同樣於二〇〇二年否認自己是種族主義政黨，因為：

> 只有當你在「憎恨」其他族群，才會算是「種族主義」。我們不會「憎恨」黑人、不會「憎恨」亞裔人、不會抗拒任何上帝創造的族群。他們有權擁有自身的身分，就像我們一樣。我們只是想保存英國人的族裔和文化身分。我們只想像其他人那樣享有人權……（www.bnp.org.uk/faq.xhtml, 2002）

要揭露此等主張背後的種族主義也不是困難的事。他們主張種族必須保持純正，藉此肯定對少數族裔的歧視。他們主張的平等權利，是種族的平等權利、不是個人的平等權利。不論如何，種族主義始終是複雜的現象，亦會與其他政治偏好糾纏不清。讓我們再次以英國國家黨為例。他們在其二〇〇二年的競選綱領中，此以種族方式定義國族：

這些島嶼的原生民眾，自石器年代起即在此定居。此後亦有少量性質類近的族群，比如是薩克森人、維京人、諾曼人和愛爾蘭人，來到此地並融入其中。

他們承認同化之可能，這一點不宜被輕易否定。在二〇一三年，一位英國國家黨的記者指出縱使白人移民會帶來就業和房屋問題，他們的子孫至少還有成為英國人的指望。不過國族主義者最好還是增產報國，以「愉悅」的方式重建「英國種族族群」。不過當英國國家黨面對非白人時，生物學上的假設就占了優勢。他們反對跨種族婚姻，因為「這個星球上的每個物種、各個種族，盡皆美麗，也因此必須保存」。

對英國國家黨來說，政府的責任就是要保護民眾的「獨特之處」。為此他們主張嚴格限制移民，並提倡自願遣返（雖然該黨領袖尼克．格里芬[6]坦承希

6 尼克．格里芬（Nick Griffin, 1959-）：英國政治家，一九九九年成為英國國民陣線領導人，二

望讓所有非白人離開）。就業市場應當偏好「在地人」，企業的產權亦應歸還予「在地人」。也許他們想令少數族裔生活艱困，從而迫使他們離開。法國國民陣線無疑也希望移民會離開由他們執政的城鎮，但原則上他們比較偏好強制措施。奧地利的約爾格・海德爾[7]則聲言他「無意要和那些來了二、三十年，並已安居樂業的人作對」，他只想阻隔未來的新移民。

對穆斯林的憤恨，往往會與種族主義融為一體——對荷蘭近年的極右領袖皮姆・佛杜恩來說，宗教因素則比種族來得重要。二〇〇一年九月，紐約世界貿易中心遭駕駛飛機的恐怖分子以自殺攻擊摧毀後，主流西方政客（除了貝魯斯柯尼）都小心翼翼，把主流穆斯林的立場與少數狂熱者區別起來。英國國家黨認同穆斯林並不都是狂熱分子（又是自由派的語言），卻視伊斯蘭教為危險思想，就如希特勒相信猶太人計畫要把德國「猶太化」那樣，英國國家黨認為原教旨主義者正透過學校的「灌輸教條」、高生育率和移民，要把英國轉化為伊斯蘭共和國。不是所有新法西斯主義者都如此痛恨伊斯蘭。德國有些新納粹主義者也許未忘記納粹政權會偏好伊斯蘭教，他們倒在為九一一事件歡呼，因為襲擊者攻擊了他們的共同敵人——美國。

我們並不清楚這些極右政策若是實踐起來，將會是怎樣的模樣。他們會如何對待第二、三代的「移民」，乃其中一個謎團。他們會在就業市場和福利體系受到差別對待嗎？極右派當中的死硬派和溫和派很有可能就此爆發爭議。那些被視為外來族裔的群體，其處境顯然會更加困難：隨著種族純正成為不可能的夢想，外來族裔獲得的待遇也會每況愈下。要把澳洲的白人民眾遣返歐洲嗎？以百萬計在地中海沿岸度過退休生活的英國人，也需要踏上歸途嗎？

歷史的教訓說明，追求純粹均一的種族必會涉及令人瞠目結舌的強制，也

〇〇九—二〇一四年代表英格蘭西北部出任歐洲議會（MEP）議員。反對移民、被控煽動種族仇恨，在政治社會等問題上亦有爭議，二〇一四年被開除黨籍。

7 約爾格・海德爾（Jörg Haider, 1950-2008），奧地利政治人物，極右翼的奧地利自由黨在其領導下持續取得選舉成果，並進入奧地利執政人民黨聯合政府，並曾擔任卡滕（聯邦州）的州長（一九八九—九一、一九九九—二〇〇八），任內因車禍而亡。他譴責移民，反對歐盟向東擴展，對希特勒和納粹的言論格外引起爭議。請參照本系列《民粹主義》。

勢必危害民主和人道的價值。即使是納粹政權那種規模宏大的嘗試，最終也只能帶來成敗參半的結果。為求滅絕猶太人，他們須動用龐大的資源，也要全盤否定此前被視為體面的事物。即或如此，德國也未能變成種族均一的國家。戰爭機器渴求勞動力，因而強制遷移七百萬位外來勞工和奴隸。這些工人雖要面對難以想像的虐待，當局卻無法阻止德國人與外國人共墮愛河。對種族融合的恐懼使當局訴諸更強烈的非常手段，但終究是歸於徒勞。

歷史亦顯然種族主義的壓迫，亦因其任意的性質而加劇。從來未有人能證實住在國界兩邊的人，的確有「深層心理」和遺傳基因上的差異——國界的劃定往往是王朝更替的意外結果、或是取決於戰場上的運氣。沒有人能證明微細的基因差異、以及不同的膚色，會帶來任何文化上的影響。除此以外，各國內部皆有重大的內在差異，甚至比國際間的分野來得顯著。可是正正因為種族原則虛無飄渺，種族主義者能輕易改造其理念，從而達成各式各樣的目標。在二十世紀初期，種族主義照例必強調雅利安人和拉丁人在特徵上的根本差異。如今他們又宣稱全體歐洲人都團結地與伊斯蘭鬥爭。有些人認為英格蘭人與愛爾蘭人是兩個不同的種族，另一些人卻對此不以為然。毋庸置疑，各種主張之間的分別絕非科學探究的結論。種族主義只是一種由偏見膨脹而成的體系。

第八章
法西斯主義、婦女、和性別

把法西斯主義視為某種極權主義或政治宗教，就會造成這樣的二元對立：一邊是主動的領袖，另一邊則是被操控的、懷著對領袖的崇敬而結合的單一群眾。流於簡化的對立，乃是這種觀點之軟肋。治理術的觀點誇張地把法西斯意識形態與近代統治技術描述為天衣無縫之絕配——公共衛生、社會福利以及其他種種政策，都有意識地要確保國族和種族之健全。

法西斯主義者無疑經常會訴諸於「群眾」或「羊群」，可是他們從未把群眾想像成單一的群體。根據他們的理解，群眾乃尊卑有序的體系，當中林林總總的群體都以自己的方式，在菁英的領導下貢獻國家。領導國家，就如頭腦指揮著軀體的各個器官。法西斯主義者承諾要超克階級和性別的矛盾，藉此令共同體團結一致，可是他們從未認為階級或性別會就此消失。法西斯主義對社會主義、女性主義和猶太人其中一項不滿之處，正正是因為他們使所謂的天然差異變得模糊。有為數不少的人擁抱法西斯，也無疑是為求恢復一切的差序格局——畢竟希特勒對於男女分工抱有極其傳統的看法。可是法西斯主義者亦會嘗試解決「合理的憤恨」，因此也會處理那些讓工人倒向社會主義、令婦女投奔女性主義的社會問題。

如此最終造成複雜的結果。群眾集會之展示、雄心勃勃的新興休閒娛樂活動，固然會使社會差異變得模糊、或是將其隱蔽起來。可是法西斯政黨亦設置專門吸納工人、婦女或其他群體的組織，卻也延續既有的社會和性別差異。這些組織旨在容許工人和婦女在不損害總體利益的情況下，保衛他們自身的獨特權利（亦因如此，社會主義和女性主義組織必須被摧毀）。設立法西斯的工會和婦女組織，輔以宏大的社會政策，或可爭取工人和婦女復歸國族共同體。如此的願望，意味着要介入衛生、福利和工作環境等層面，提出有系統的理念和政策；這一切容易激起爭辯的議題，過往都曾經由社會主義者和女性主義者參與設定。而這些專門組織，亦讓工人和婦女有機會發起政治行動。在這一章，我們會先討論婦女在法西斯運動中的際遇，並在下一章討論勞工的問題。

法西斯乍看乃典型的男性運動。在兩戰之間，他們令人聯想起穿上制服的街頭鬥士，而光頭黨剛為當代的法西斯形象。法西斯主義討厭女性主義，就如他們抗拒社會主義那樣，他們認為家庭和生育，皆為婦女的主要角色，當代極右則聲言性別——猶如種族——「平等而有別」。法西斯主義者幾乎都會將自己歸類為「非女性主義者」，可是意圖反駁女性主義的努力，卻使他們實際上被捲入與女性主義的對話。兩性關係，亦因而成為法西斯主義者爭論的焦點。

不少歐洲人堅信世界大戰釀成兩性關係的失衡。當男性在戰壕受難之際，女性卻在擔任男性原先的職位，這些人懷疑在後方的女性，過著的是獨立而放蕩的生活。女性參與戰備，亦令婦女團體如雨後春筍，當中有些團體亦信奉女性主義。這種發展令那些歐洲人倍感焦慮。女性在戰後於不少國家取得投票權。資產階級的女性改穿適合上班的輕便服裝，則被視為令她們不再女性化的歪風。日後投身法西斯運動的法國退伍軍人小說家皮耶・拉侯歇，哀嘆「這個文明此後再無性別」，認為那是社會全面衰敗的表徵。在工人及少數族裔反抗運動中看到「女性化」危機的，也不只拉侯歇一人。在大部分歐洲國家，此等恐懼促成意欲提升生育率的社會運動，他們期望能藉此彌補戰死的人口。「生育主義」運動認為生兒育女乃女性之天職，為此也許應該禁止她們承擔其他的職分。

法西斯主義者認為退伍的男性乃國族復興的有機力量。在戰壕服役的經驗證明他們精忠報國，他們成就勇武之氣、英雄氣概、自我犧牲與同袍情誼，亦能夠吃苦和服從——這些都是社會理當仿效的特質。科德里亞努呼喚「新類型的戰鬥英雄、社會英雄、勞動英雄」。他心目中的典範，乃中世紀摩爾達維亞公國的斯特凡大帝[1]：這位君王以軍事成就和生育能力著稱。納粹黨衛軍則將這種信念推到極致：他們以日本武士、條頓騎士和耶穌會士為榜樣，建立強調男子氣概的軍團。法西斯主義者卻不會推崇所有的男子氣概——他們唯獨仰慕主流種族的陽剛氣。他們把非我種類皆貶為「娘娘腔族群」。有些納粹主義者也這樣看義大利人：一群熱中陰謀詭計的娘娘腔，欠缺男性的坦蕩。

因此，法西斯主義者大多厭惡同性戀者，也就毫不令人意外。有些學者認為他們之所以恐同，乃是出於被壓抑的同性戀慾望。這些學者提出的證據，認為黨衛軍的服裝和生活模式，都能激起對同性的性慾，他們亦指出當代德國的新納粹分子，曾主張同性戀能鞏固真男人之間的同志情誼。而帶領納粹衝鋒隊的恩斯特・羅姆[2]則為另一個例子：羅姆具有不少法西斯主義者的典型特徵，又他面上的傷疤，使其戰友聯想到他的軍功和勇氣。他期望婦女能保持靜默，又認為威瑪共和國缺乏陽剛之氣，他認為共和國政權充斥着議會那些三姑六婆的

1 摩爾達維亞公國是歷史與地理概念，曾存在於一三四九年至一八五九年之間的大公國，領土包含了今天的烏克蘭、摩爾多瓦，以及羅馬尼亞的部分地區。原附屬於匈牙利，十四世紀獨立後逐步擴張，十五世紀後，鄂圖曼帝國崛起成為摩爾達維亞的主要威脅。斯特凡大帝即斯特凡三世（Ștefan cel Mare, 1433-1504, 在位 1457-1504），力抗鄂圖曼土耳其帝國，親身征戰數十回。

2 恩斯特・羅姆（Ernst Röhm, 1887-1934），德國納粹運動早期高層人士。一九〇六年從軍，參與一戰後被授予一等鐵十字勳章。一九二〇年加入納粹黨，協助希特勒組建衝鋒隊，一九二三年啤酒館政變後兩人的政治取向出現歧異，一九三一年以參謀長的身分掌理衝鋒隊。一九三三年希特勒出任總理後，更無法接受羅姆的社會主義原則，一九三四年六月三十日長刀之夜，希特勒以捏造的政變罪逮捕羅姆，次日處決。

言論，深受娘娘腔的猶太人和共產黨影響。然而眾所周知，羅姆本人其實喜歡同性，他刻意展露強烈的陽剛性格，以避免被指缺乏男子氣概。

以事論事，我們沒理由相信法西斯群體中會有特別多的同性戀者。真相也許其實就是平平無奇。法西斯主義者對同性戀者格外刻薄，正正是因為他們恐懼其全男性的群體，會被外人指責是在搞同性戀。可是這卻無阻反對者利用或真或假的同性戀控辭，藉此與法西斯以至是當代的極右政黨鬥爭。

羅姆能於納粹黨體系內扶搖直上，正好說明法西斯主義能夠吸引各種背景的激進分子。羅姆的激進在於他批判「資產階級倫理」，寄望納粹主義能終結資產階級的虛偽、建構陽剛的新秩序。如此理解納粹革命的人，終究只是當中的少數，他們的夢想亦因此難以成真。羅姆的「扭曲思維」，正好是納粹政權於一九三四年六月鎮壓衝鋒隊的理由之一。此後當局加緊對同性戀者的迫害，他們有不少人死在集中營、或是被迫「治療」他們的「疾病」。

另一方面，法西斯主義者既猜疑婦女，又把她們想像成完美的母親。義大利未來主義者菲利波・馬里內蒂[3]因「蔑視婦女」而惡名昭彰。有些納粹主義者則發起反對女性化妝、或是禁止她們當眾抽菸的運動。羅馬尼亞鐵衛團的黨報於一九三七年宣稱「今時今日的『知識』婦女令社會寸草不生」。法西斯政權意圖令婦女離開就業市場，又想限制她們的教育機會。不論在德國、義大利還是克羅埃西亞，法西斯主義者授予女性的任務，就是為種族的未來養育國民、士兵和未來的母親。婦女必須向子女灌輸國家的理念，她們作為消費者（而非生產者），也必須確保家庭成員都採用國貨。

可是這些政策之間卻自相矛盾。雖然法西斯主義者想把婦女留在家中，可是他們亦把尋常的「家務事」政治化：生育、教養、消費，如今都變成愛國責任。而法西斯主義者為傳授家務技巧，亦鼓勵婦女參與黨營組織——為鼓勵婦女回家，法西斯主義者卻先要她們離家。在大部分保守派組織都只有少數女性成員時，法西斯組織卻有具規模的婦女部。

3 菲利波·馬里內蒂（Filippo Marinetti, 1876-1944），義大利作家、小說家、詩人和劇作家，二十世紀早期的文學、藝術和政治運動者，未來主義的創始人。一戰爆發時歡欣鼓舞，並敦促義大利參與，是活躍的法西斯主義者，支持墨索里尼。

在一九二一年，義大利法西斯黨有約二千名女性黨員。經歷過一九二〇年代末的低潮後，女性黨員的數目在一九三〇年代隨法西斯政權「走向群眾」而暴增。在納粹黨奪權之際，則有約八％的黨員為女性。一九三一年，黨內各個婦女部合併為國家社會主義婦女聯盟。這個組織在納粹黨掌權後，控制全國尚存的婦女組織，到一九三八年已招收逾二百萬會員。納粹黨和法西斯黨都認為，唯有正視婦女的特殊需要和利益，方能把她們納入國家之中。為此它們把婦女組織納入政黨或政權之中——就如它們吸納勞工運動那樣。法西斯主義亦因此吸引了主張各種議題女性。法西斯主義者絕對稱不上是「女性主義者」，畢竟他們都積極地排除與其競爭的群體（為此德國則比義大利更成功）。可是他們的確吸引著各種立場的婦女，當中有些還是女性主義者。

我們若留意到女性主義本身也有各式各樣的流派，那麼法西斯主義能夠吸引女性，就不是令人驚訝的事。有些女性主義者——她們多被稱為家庭女性主義者——對投票比較缺乏興趣，她們比較想捍衛女性作為女人的權利——她們要求免受酗酒男性傷害、想要壓制性產業、也希望改善職場女性的權益。如果她們願意捨棄代議民主（好一個如果），她們與法西斯主義者也許會有些共通之處：畢竟他們都以不同的方式，主張男女平等而有差異。

法西斯主義也吸引了那些反對女性主義的婦女。她們認同男性法西斯主義觀點，認為家庭才是婦女的舞台。畢竟對資產階級的婦女來說，家庭制度為她們帶來了特權——她們可以在大家族中管轄孩童和幫傭。婦女亦能以「關懷者」的身分參與顯赫的慈善組織，有時還能藉此影響政府決策。這些婦女抨擊女性主義——同時也批評社會主義、自由主義和民主政治——認為這會危害慈善事業和家庭制度，又會減少家庭傭工的來源。雖然這些婦女態度保守，卻也不一定認為固有保守組織會充分關注家庭。德國貧窮的農村婦女，亦可能把女性主義視為資產階級的潮流玩物，因而把選票投給納粹黨。

在義大利，有不少婦女組織則認為固有自由派政權漠視其訴求，她們因而偏好國族主義者的反對黨，當中也包括了法西斯黨：該黨一九一九年的政綱，許諾給予女性投票權。在法西斯主義的大旗下，這些婦女鼓吹「拉丁女性主義」，主張要讓個人權利順服於傳統、家庭和種族之下，也同時反對社會主義和自由主義。德國的愛瑪．哈德利希則聲言若非受到外來潮流的腐化，德國本來就是性別平等的社會。英國婦女雖於一九一八年獲得投票權、相關權利又於一九二八年普及化，可是有些女性主義者卻不滿足於這樣的進展，認為這並未有讓女性真正影響政治。她們期盼法西斯主義能修正這樣的狀況。

這樣法西斯主義就贏得各種婦女團體的支持：它們有的主張女性主義、有的對其敬而遠之、也有變節的自由派、保守派和社會主義者。婦女參與法西斯運動及政權的現象，再次說明法西斯主義乃難以定性的概念。那些比較激進的婦女，在法西斯政權內難以稱心如意，畢竟（權力較大的）男性活動家之所以加入法西斯運動，正正是為求恢復「正常」的兩性關係。墨索里尼很快就對女性投票權提不起勁，又確保婦女部服從男性黨部的原則。德國的阿佛烈．羅森堡[4]亦駁斥了哈德利希的觀點，並堅持德國自古就是父權社會。希特勒於一九三四年訓示納粹黨的女性黨員，重申納粹運動不容性別之爭。義大利和德國的政權，都比較關心如何鼓勵婦女生育——領導國家社會主義婦女聯盟的蕭爾茨—克林克，身先士卒地生下十一名子女。絕大部分參與法西斯運動的女性，都只會參與合乎她們本性的活動——特別是福利工作。

激進派的挫折卻不意味法西斯婦女只扮演被動的角色，也未令法西斯運動變得單調。即使她們從事的只是卑微的事，比如是編織襪子、或是為貧民蒐集食物，她們畢竟有投身在家庭以外的活動、也在參與由女性指導的複雜組織。在法西斯體制的上層，不論是法西斯運動的婦女部、還是法西斯政權本身，都聘請了一小批衛生訪問員、護士、家政教師和社工。男性法西斯主義者或會視婦女從事的為次等勞動，可是這並不是這些婦女自身的觀點。她們默默地與男士角力、逐漸發展其專長，使她們投身的專業取得與醫生、律師同等的地位。她們以為若要建立和諧而高度動員的國家，社會福利乃不可或缺的一環。法西

4 阿佛烈・羅森堡（Alfred Rosenberg, 1893-1946），二戰期間納粹德國的重要人物，為納粹黨的「思想領袖」。出生於俄國，一九一八年前往德國時已是堅定的反布爾什維克和反猶太主義者，一九一九年初成為納粹黨前身組織德國工人黨的早期成員。進入納粹後為其報紙撰稿，後擔任編輯，一九三〇年出版《二十世紀的神話》（*Der Mythus des 20. Jahrhunderts*），提升了羅森堡作為黨的理論家的地位。二戰期間成為納粹核心，其管轄地區是第一個進行最終解決方案的區域。戰後在紐倫堡國際軍事法庭被判死刑。

斯運動爭取社會福利、法西斯政權也會實踐福利政策，這一切都似乎能與婦女運動一直以來的渴求契合（比如是家庭福利金、結婚貸款、改善勞工醫療等）。

這些措施的實行並非為求讓女性有更多出路，而是為黨、國、種族的預設需求服務。在德國，當局認為唯獨雅利安婦女會有足夠的「進化度」，好使她們能適合擔任母親的角色、或是懷下「健壯」的孩兒。在希姆萊的鼓勵下，黨衛軍甚至扛下保護未婚媽媽的責任——前題是她們的後代會屬於合適的種族。推廣避孕「危害義大利人的生育」，則被義大利國家體制列為罪行，當地的社會政策，亦以促進種族質素為目標。除此之外，社會福利亦會按非正式的政治分類發放，使那些與政權缺乏友好關係的人無法受惠。在法國的火十字團和法蘭西社會黨，則在原則上拒絕救濟移民或其家人，可是有些女性成員卻會忽略這項禁令。

當代極右運動下的女性

婦女在當代極右政黨內的處境，與法西斯的情況不無相似之處。這些政團的風格極具陽剛之氣：比如讓—馬里．勒朋認為該以法式騎士精神回應女性主義，而光頭黨則熱中於足球暴力。讓—馬里賦予婦女「半神聖」的任務，讓她們傳遞生命，並「培育兒童和青少年的心、智、感官」。英國國家黨則主張透過給予婦女財政優惠，改善已達危險水平的低生育率，又呼籲終結對家庭制度的歧視。一如往日，對生育的重視仍是與種族主義並肩而進：由於勞工短缺不能再由移民填補，婦女必須生養眾多，當然也只能激勵「原生」婦女生育。

這些政策背後，亦隱含女性會奪去男性工作的恐懼，研究兩戰之間歷史的人，對此必耳熟能詳。就如讓—馬里所言，干擾正常的性別分工，將會使「男人自視為女性，女人自覺為男性」。失業問題長期困擾非技術勞工階層的男性，在職男性亦確信其晉升前途受阻於對女性的「正向歧視」，令這種憂慮猶如雪上加霜。此外，右派亦不如昔日那般擔心社會主義和共產主義，婚姻、離異、流產和性取向等議題，在政治上則日益關鍵。在二〇一二至二〇一三年間，同志伴侶於多國取得婚姻權，則進一步鞏固害怕性別角色會被顛覆的恐懼。

不論如何，還是有婦女投票支持極右政黨，甚至參與其中。她們的角色卻有異於投身早期法西斯運動的女性：兩性平等雖仍路途遙遠，女性地位終究已改變了。因著電視和電影的流行、對宗教的投入每況愈下、再加上教育內容的改變，女性能見到比昔日更廣闊的出路，她們的期望亦因而水漲船高。雖然大部分婦女都拒絕被貼上女性主義的標籤，她們卻把女性主義爭取到的成果視作理所當然。讓—馬里的騎士精神，無法阻止他的前妻為了諷刺其家庭觀念，讓《花花公子》拍下她扮演女僕的色情照片。他的女兒瑪琳亦已接下政黨的領導權，她亦是典型的在職媽媽。

極右運動許諾會尊重女性已取得的成就，卻抨擊女權分子，又提倡讓女權倒退的政策。這種張力最終會促成怎樣的結果，確實難以預料。可是我們卻可以斷言，極右的婦女政策將會使他們與自由民主再起衝突。

第九章 法西斯主義與階級

曾幾何時，有些學者會純粹以階級關係理解法西斯主義。對馬克思主義者來說，法西斯就是獨裁政治，帶領者就是資本主義當中最反動的勢力；另一些馬克思主義者則認為法西斯主義展現的，正正就是資本家與小布爾喬亞的結盟。韋伯學派則認為法西斯運動乃「傳統菁英」對抗「近代化」的背水一戰。我們也許能在此提及另一個受韋伯啟發的理論，根據這種理論，法西斯主義展現了小布爾喬亞對大財團和工會的雙重不滿。馬克思主義和韋伯學說，雖然對哪個階級促成法西斯主義意見並不一致（兩者也以不同方式界定階級），可是兩派學者都把法西斯主義者的行動、言語和文字當成證據，認為這樣能說明相關階級在法西斯運動的「潛在利益」。馬克思主義者認為法西斯的國族主義背後，乃資本家誘使工人背棄社會主義的圖謀。韋伯學說亦以類似的方式，把法西斯的反猶論述，視為假猶太人之名抹黑近代世界的嘗試，或認為這樣的文本說明了小布爾喬亞的兩難處境。

與此相反，極權理論的學者則否認階級因素事關重大。他們認為法西斯主義者的目標，是要令民眾對國族共同體完全效忠，為此必須超越和超克對階級的忠誠。在之前的章節，我們亦看到政治宗教理論傾向以無差別的群體淡化社會差異，而治理術的概念則誇大「治理技術」的流暢與效率。

以上各種觀點，固然自有一定的道理。有些法西斯主義者頗著跡地宣示要捍衛資產階級，另一些人聲言以建設極權社群為首要目標。這兩種矛盾的觀點在實際上卻是兼容的。法西斯對理想社群的想像並不抽象，而是綜合各種既有現象的產物，他們因而假定工人階級之存在，乃正常社會關係的組成部分，故此想要把這個階級納入極權社群之中。為求達成這個目標，他們首先要消滅那些敗壞工人階級的人（共產黨和猶太人），從而確保工人團體只會提出無損社群健全的訴求。其次，法西斯主義會回應那些令共產黨能得以壯大的民生問題。第三，他們認為改善勞動環境能促進工人階級的「質素」，使他們能更好地服事整體利益。後面這兩點期盼，促使法西斯主義者制定一連串的社會政策和措施，以求切合無產階級、家庭和種族的需求。這些政策在實踐上跨越不同的政治立場，當中也充斥著各種爭議，我們即將見到這樣的爭議在法西斯主義的發展中歷久不衰。事實上，義大利法西斯政權的代表曾於國際勞工組織（國際聯盟的屬會）中與社會主義者和工會商議改革方案。

法西斯主義變得如此龐雜多元，以致任何社會團體皆有可能在法西斯運動中找到一些合乎口味的事物。我們研究法西斯主義之時，必須根據當時的處境，方能發現哪些人真切支持法西斯運動，並理解這些人支持運動的原因。筆者將從兩個角度探討這個問題。我們首先檢視法西斯支持者的社會構成，並探討這些人的動機；此後則會探究這些行動家的策略將如何營造法西斯主義的訴求。

行動者與選民

法西斯黨和納粹黨的支持者，在階級構成上頗為多元。就以常被研究的納粹黨選民為例，縱然該黨的訴求偏向照顧資產階級，卻還是吸引到為數不少的工人支持者。與其他德國政黨相比，最像「跨階級」政黨的正正就是納粹黨。兩戰之間法國的法西斯主義者亦同樣嘗試爭取各階層的支持，縱使中產階級支持者的比例還是比較高。

各國的法西斯運動之間也有顯著的差異。公立學校的教師和公務員，在德國偏好支持納粹黨，在法國卻多為左翼所吸引。而匈牙利的法西斯主義，比別的地方更能贏得工人階級和未能擁有土地的勞工之支持。在羅馬尼亞，法西斯主義的支持者則多為農民和學生。

倘若我們考慮到還有其他的因素左右法西斯能取得的選票，最終的圖像就會更形複雜。德國小型工廠的新教勞工多支持納粹黨、天主教勞工多支持天主教中央黨或共產黨、而大工廠的新教徒勞工則多投票給社會民主黨。在法國，信奉天主教的資產階級，則比反教會的資產階級更有可能加入法西斯組織。法國重工業男性勞工參與法西斯工會的意願，亦不若紡織業的女工。階級雖是影響投票行為的重要因素，卻始終不是獨一的因素：性別、地理和宗教，亦同樣事關重大。基於各階級內部之政見歧異，我們亦可斷定階級內不同的成員，對階級利益的定義必然意見相左。法西斯行動者是否以階級考慮為先，亦值得我們質疑。

我們也不要忘記，行動家本身亦會形塑法西斯主義的訴求。行動家之行為太容易被視為是社會力量的展現——比如說社會主義行動家都為工人階級的利益「發聲」、保守派或法西斯的行動家都為資產階級代言。可是任何接觸過政治行動家的人，都會知道他們異於常人。他們確信自己對社會結構有獨特的洞見，又以說服他人信納自己的觀點為使命。舉例而言，社會主義行動家不會簡單地複述工人的感受——他／她還會走去說服工人，使他們相信要維護自身權益，就必須擁抱某種社會主義流派，而非與其競爭的派系、天主教政治、甚或是法西斯主義。行動家不會單純地反映他們代表的意見——他們還會嘗試左右民眾詮釋自身利益的方式，我們必須仔細觀察草擬政黨文宣、並決定其傳播對象的，究竟會是那些人。

就以納粹黨為例，該黨於一九三〇年決定改以資產階級為文宣對象，乃其歷史上的關鍵時刻。他們取得選舉上的突破，贏得農民、小布爾喬亞和資產階級的選票。不過納粹行動家的文宣，仍然持續尋求廣泛的支持，他們強調以國家為中心，也表達民間對腐敗媚外的政治建制怨聲載道——事實上這很可能是廣被認同的訴求。相較之下，社會民主黨主要尋求男性工人階級的支持、而中央黨則專注在占人口少數的天主教徒。納粹行動家卻勇於為對「猶太」百貨業心懷憤恨的小店東發聲。他們也在國族主義和反猶主義的議程中，加入源自左翼的符號——比如是加上卐字徽號的紅旗，或是咧嘴、貪婪、頭戴高帽、口含雪茄的資本家形象——從而贏得工人的支持。納粹黨提醒工人，要他們知道其敵人不是商家，而是猶太商家。這種富有國族色彩的反資本主義論述，對雇主而言亦比較容易接受：畢竟這樣德國資本家就不用揹上讓工人受苦的惡名。

這樣納粹黨就達成一眾政黨意欲達成的目標——成為揉合各敵對團體的

全國性政黨。可是這樣的策略要取得成果，卻非水到渠成之事。與階級政治相比，國族主義並不必然能吸引更多的受眾——一切都視乎其政治術語是如何被界定。納粹國族觀的吸引力，事實上也可能受制於各種「偏見」。有為數不少的納粹黨員，認定新教以至日耳曼異教為德國的本質，這種觀點使天主教勞工難以把選票投給他們。

我們最好把法西斯主義的階級訴求，理解成法西斯行動家的策略（與其不自覺的偏見），和個別組織的期盼（與其不自覺的偏見）融合的成果。這樣的成果雖然變化多端，卻不代表法西斯主義的階級構成無關痛癢。實際上那反倒是事關重大：不同的群體之所以用南轅北轍的方式支持法西斯主義，是因為他們的權力並不均等。筆者將會透過簡要分析兩個關鍵的法西斯術語——「國家社會主義」和法團主義——來說明這一點。

國家社會主義

一八九八年，莫里斯・巴雷斯公布了南錫「國家社會主義共和國委員會」的政綱：

為求與那些只圖滿足仇恨、或是只受權慾驅使的政策抗衡，本人必須揭竿而起，反對你們一直稱頌、至今仍無意摒棄的國家和社會觀念。

……外來者充斥著社會高層、地方中心，霸占著倫理和物質的領域，又在商業、工業、農業以至船塢與法國工人競爭，他們就如寄生蟲那般毒害我們。

法國的新政策，必須由一個關鍵的原則領導：保衛全體國民免受侵略、提防各種類型的社會主義，這樣才不會讓普世主義者——毋寧說是德國人——削弱國防。

對巴雷斯來說，國際派的社會主義——馬克思主義——對法國以至其種族會構成危害，正是因為那是「德國」的意識形態。他因而呼籲創立屬於國家的社會主義：這種社會主義，既保護在國土生根的工人，亦會促使原先敵對的階級放下自身的特殊利益相忍為國。如果資本家能善待工人，工人也就不再需要社會主義。

巴雷斯並未主張壓抑產權，反倒提倡革新階級關係的精神層面。對資本家來說，這種議程也不像馬克思主義那般恐怖。可是巴雷斯也提倡諸如累進所得稅和勞資利潤共享等改革方案，此等於現時看似溫和的措施，於當年卻激起主流保守派激烈地、甚至是情緒化的反彈。地方的鋼鐵巨頭也被巴雷斯想要限制廉價外來勞工的舉動惹怒。縱使巴雷斯的政綱確實吸引到南錫當地對現實感到失望的保守派，可是這群支持者數目有限，無法令巴雷斯成功當選。

希特勒在二十七年後，因策動啤酒館政變而受審[8]。主審法官卻不尋常地容許這位被告自由發揮，使他得以如此向陪審團陳辭：

當時工人黨的國家社會主義運動，其首要原則就是要與馬克思運動周旋到底。此外，運動也意識到，對於這場由馬克思主義促成、且由史無前例的罪行引發的（一九一八年）革命來說，德國資產階級是否再次擁抱國家，實在是無關痛癢。真正的關鍵，在於德國的勞動民眾、以及廣泛的群眾，都必須回歸國家的懷抱。這並非單純地——也就是說被動地——確立與國族主義的關係，而是要主動地與至今仍在毀壞國族的人戰鬥。除此之外，當四面八方數以十萬計的人，都想要讓民眾脫離國家的時候，空談要令民眾擁抱國家，實在是可笑至極。那數以十萬計的人帶來了革命，卻竟不算是我們種族的一員。馬克思主義的問題，也變成種族問題，是當今最嚴重、最複雜的難題。

希特勒或許欠缺巴雷斯的文學才華，但兩人的假設卻歸於一致。國際派的馬克思社會主義乃日耳曼民族的敵人，若不將其去除，就無法把工人納入國家之中。**國家**社會主義透過成立「國家」組織，調和工人的訴求與國家的利益，從而促成階級之間的調和。認同工人的合理訴求，亦可能有助法西斯主義者對付資本家。事實上他們也想令商界服從集體利益，只是不會質疑資本主義本身之存續。這樣的動機會促成甚麼結果，卻是難以預料。

法團主義

希特勒認為法團主義乃幫助國家重新吸納工人的良方，縱然有些當代學者認為這只是個煙幕，為的是掩飾商界毫無節制的權力。然而，法團主義的本質並不等於法西斯主義，當時社會上亦流傳着各種不同版本的法團主義。簡要而言，法團主義認為應該讓各個經濟上的持分者——工會、雇主組織、以及代表家族或農民的團體——參與決定社會經濟政策，而非假手於政府或國會。戰後大部分西方民主國家，都曾於某段時期實行法團主義，在制定政策時給予工會和雇主團體發言權。

法西斯法團主義異於常人之處，在於他們會策畫摧毀或清洗既有的組織，他們假定只要去除不愛國的左翼影響，愛國主義自然會在各階級重新興起，令這些階級能於良好風氣下通力合作。他們也認為法團主義能使工人免受自由市場的剝削——因為自由市場下的工資，純然取決於資本家的意欲。如此則能去除階級矛盾、建立和諧國家。

不過法西斯法團主義對其他問題就沒有一致的看法。究竟黨和／或國應該在法團組織扮演甚麼角色？他們應該有限定價格和工資的權力嗎？為促使工人回歸國族共同體，資本家需要如何妥協？法西斯工人組織應該有多自主？那些希望盡可能讓工人組織自由行事的，往往會被稱為「工團主義者」。

義大利國族主義者協會的傳人，會強調國家體制對法團組織的控制。圍繞朱塞佩·博泰[1]左右的技術官僚，則希望管理階層和工程技師能有更大的權力；而法西斯工會的成員，則渴望工人組織能有自主權。商界基本上反對任何強制推行的法團主義，認為那將會約制創業自由——不過他們也希望國家能在法律上支持壟斷價格的商界同盟。也就是說，民主社會的政治鬥爭在法西斯政權下仍能得以延續，只是政權打壓左翼，卻令工人的處境格外艱困。

為達成其目標，法西斯工會在一九二五年針對金屬加工業發起罷工行動。在同年十月達成的維多尼宮協定，這些工會獲得專責代表工人的特權——商界認為法西斯工會的危險程度幾近社會主義團體，因而對協定深感不滿。可是工會卻無法於統合架構中，與同獲國家任命的雇主組織平起平坐。此後罷工行動遭到禁制、當局亦宣布工會要為國家效勞，如此商界倒成為最終的贏家。博泰提倡要讓管理階層和工程技師掌權仍然使商界感到恐懼，但資本家經已取得勝果，卻是無可置疑的事實。

在納粹黨內部亦同樣有強大的工會勢力，也就是國家社會主義工廠細胞組織。一九三三年後，細胞組織的領袖認為自己的天下即將來臨，威脅雇主要麼

---

1 朱塞佩·博泰（Giuseppe Bottai, 1895-1959），義大利記者，法西斯成員。一戰時服役於皇家軍隊，戰後成為國家法西斯黨報的記者。一九二六—四三年任職法西斯大委員會，一九三五—三六年擔任羅馬總督，一九三六—四三年間擔任教育部長，在一九三八年墨索里尼的反猶太立法起草發揮了重要作用。一九四三年在會議上投票罷免墨索里尼，並於翌年加入法國外籍軍團，一九四八年返回義大利，後創辦保守派期刊。

提高工資、要麼被關進集中營。希特勒在一九三四年鎮壓衝鋒隊，部分原因乃出於保守派的壓力；這場鎮壓為納粹工人團體帶來沉重的打擊。此時細胞組織已被併入德意志勞工陣線這個法團組織。在實際運作上，由於左翼工會不復存在、罷工行動遭到禁制、管理層的權力又獲國家祝福，德國的工人也註定缺乏集體代表權。不過勞工陣線的確會為意識形態上忠誠的工人提供工作和晉升的機會，如此他們也成為淩駕固有國家層級的「封建王國」。納粹政權大體上保留威瑪共和國的福利制度，又以「力量來自歡樂」運動管理工人的康樂活動。這兩個體制被納入種族優生的規畫。福利政策也有助統合各階級，從而建立形成族群構成純正、軍事力量強大的國族共同體。

在義大利和德國兩大法西斯政權，農民和工匠的處境都與工人相若。法西斯黨和納粹黨都提倡要恢復這兩個階級的地位，在實踐上卻是裹足不前。義大利法西斯黨曾承諾要為小農戶帶來土地，卻一直未能兌現。墨索里尼雖然推行應對農村人口流失的政治運動，可是羅馬的人口還是在法西斯時代翻了一倍。而德國的納粹店東或工匠組織，其行動自由亦受到局限。當局未按承諾壓制百貨公司，而沒收猶太人的資產最終受惠的亦是大企業而非小商家。納粹黨確曾救助負債的農民，可是卻未盡全力阻止農村人口衰退。

法西斯工會和工團主義，並不只是用來愚弄低下階層的工具。畢竟有為數不少的法西斯主義者，都準備好要為工會和工團的目標付出努力。法西斯工會運動之所以會失敗，是因為他們欠缺達成目標的權力。國家的利益從來都不足以「懲戒」貪婪的資本主義，尤其是有不少法西斯主義者與資本家，同樣認為壯大資本主義合符國家利益。義德兩國的政權，都認為戰備生產必須仰賴大企業，亦因此會優先為它們預備人力物力。

然而，工人的處境並非單純取決他們在資本主義低微的地位（就如在法西斯福利組織工作的資產階級婦女，其處境也不只取決於她們對男性的屈從）。關於納粹體制下「日常生活」的研究，發現雖然老一輩工人始終憤恨納粹主義，年青輩的工人卻把對美好社會的期盼，從社會主義政黨轉移到納粹黨身上。畢竟，社會民主主義者也從未對國族主義免疫。由於社會主義於一九三二至一九三三年間表現軟弱，納粹黨也似乎爭取到部分選民轉向。歷史學家指出，當時出身自勞動階層的士兵，都把他們在東部戰線參與政權種族罪行的作為，視為某種「高質德國勞動」，就如他們昔日在工廠引以為傲的事蹟那樣。就效果而言，工人們捨棄階級團結，換來的是參與種族殖民計畫的機會，以及取得來自對外侵略的戰利品。德國的工人違背了國際勞工的價值，奴役了數以百萬計的奴隸工。

商界與法西斯主義

那麼法西斯主義是否就如某些馬克思主義者所言，「終究」是商人的意識形態？

沒錯。在德國和義大利的商界利益，確實有參與法西斯運動。在法西斯黨和納粹黨奪權後，大企業大部分都支持他們，並樂見勞工運動遭到摧毀。

可是這個問題的答案也同樣可能是否定的。雖然不少國家的資本家都想藉法西斯之力對抗左翼，真正想要建立法西斯政權的人卻比較少。在法西斯黨成功奪權前，義大利商界多偏好支持國族主義者協會、或是喬利蒂的自由主義。德國大企業做過不少侵害民主的事，可是大部分商人都偏好在納粹黨支持下達成保守派獨裁，而不是讓希特勒組織政府。在促成希特勒掌權的談判中，農業利益群體的表現也比大企業來得積極。

再說一次，法西斯不是商人的意識形態。把法西斯說成是資本家政權，其實也不過是空話，大企業適應力驚人，即使要面對心裡反對的政權，還是會有辦法與其配合。兩戰之間德義兩國的資本主義，也非得要由法西斯主義拯救不可（不論我們如何界定何為「拯救」）。有些商人之所以加入法西斯運動，是因為相信他們別無選擇；但這種想法卻是錯誤的。即使在一九二二年的義大利、或是一九三三年的德國，大部分商人在面臨這樣的歷史處境時，都沒有這樣的想法。

事實上，法西斯主義從未全心全意捍衛產權，就如他們支持家庭制度那樣，都是三心兩意。法西斯政權會以國家利益為由規限企業，特別是為了備戰的緣故。他們也使商界無法成為左右政治決策的群體。義大利的法西斯政權，也於一九三〇年代組建強而有力的國營企業。私人企業固然能繼續蓬勃發展，可是公營部門的強勢，卻使保守派於戰時對法西斯政權起了異心。納粹政權充公猶太人的財產，乃法西斯對產權最嚴重的侵害。猶太企業在德國只是少數，可是在以匈牙利為首的東歐國家，情況卻不是如此。法西斯主義者在當地威脅要充公的，乃其資本主義體制的一大部分：他們聲言這些都是異族資產。如此則激起當地保守派深深的怨恨。

馬克思主義者或會反對上述的觀察，他們堅持有不少包括商人在內的人，都是因為憎惡馬克思主義而加入法西斯運動，他們亦認為法西斯的極端國家主義，是意欲損害工人階級忠誠的圖謀。這些無疑都是事實。可是要主張法西斯主義終究是捍衛資本主義的手段，卻完全是另一回事。法西斯主義的理念，源自林林總總的動機、概念和理想，資本主義的問題既從未缺席、也非其獨一的考慮。

第十章　我們與法西斯的距離

法西斯主義的遺產

要探尋法西斯主義留下的遺產，其中一個辦法是參與這樣的辯論：究竟法西斯主義是徒勞地恢復「傳統」社會、還是要追尋如同空中樓閣的「現代」世界。支持第一種觀點的論者會指出，法西斯主義曾支援工匠、農民、貴族地主這類「反現代階級」。部分法西斯主義的政策確是反現代的——主張回歸土地、限制城市發展、以及對農民的歌頌。科德里亞努對農民服裝的喜好，展現出羅馬尼亞法西斯主義對農民的美化。另一些證據，卻會證明法西斯主義是「現代」

的：對軍事科技的崇拜、在軍售案中對大企業的偏袒、動員群眾的手法、女性在法西斯運動中之參與、鼓勵休閒娛樂體育商營化等等。

我們還能為正反雙方提出更多的證據，只是這樣並無助於解決問題（除非我們辯稱不孚期望的證據只屬「次要」，或將之視為「達成終極目標的手段」）。事實上，我們再一次遇到定義的問題——對於何為「現代」，我們莫衷一是；問題的解答，也完全取決於我們自身的定義。在實際操作上，對法西斯主義現代性質的判斷，也取決於論者認為甚麼事物才稱得上是「進步」。一九八五年，馬丁・布羅薩特[1]提出要把納粹德國研究「歷史化」的主張，正好說明毫不批判地採用現代化這個概念，將會造成怎樣的危害。布羅薩特認為歷史學家面對納粹主義，應當提問有層次而妥當的史學問題，而非簡單地提出倫理上的責難。可惜他在提出這個有見地的建議時，卻被自身的信念所蒙蔽。他認為瞭解納粹主義對德國社會現代化的正反趨勢究竟起過甚麼作用，就是恰當的史學提問。提出「現代化」這個術語使眾人為何謂「正常」或「理想」歷史進程爭論不休。布羅薩特認為納粹勞工陣線的福利政策，為當代德國的社會政策奠定了基礎，其批評者因而指責他想要美化納粹主義。這些批評者不無道理地指出，布羅薩特刻意地將現代化過程與納粹主義的其他面向區隔起來，從而忽略納粹福利政策的種族主義傾向。另一些歷史學家則提出其他問題重重的觀點：他們認為勞工陣線想要建設更「現代」的社會，使個人的社會地位取決於個人成就，而非其組織身分，可是這些歷史學家卻忘記納粹德國內的升遷，其實受限於個人的階級、性別和種族。比如來自工人階級的遊輪乘客，就對富裕旅客享有的特權深感不滿。而納粹政權推廣海外旅遊，也是為展示當地「種族低賤」。

如何詮釋政策延續的問題，既複雜、又視其觀點與角度而定。納粹政權的福利政策乃是由極端國家主義、政治歧視和種族主義所塑造。這種福利政策顯然有異於自由民主國家的相關政策。自由民主國家的福利政策，通常都建基於普遍法則，又會確保每個人都有權獲得平等對待。不過法西斯福利政策的歧視

1 馬丁・布羅薩特（Martin Broszat, 1926-1989），德國歷史學家，從一九五〇年代後期開始，他研究東歐的歷史，尤其是波蘭的歷史，也對納粹德國有深入研究。在一九六三—六五年的法蘭克福奧斯威辛審判中，有二十名相關人等被起訴，布羅薩特擔任起訴的專家證人。

傾向，並未完全從現有體制中絕跡，亦因此或會成為當代極右明目張膽的種類主義之舞台。

要界定何為「現代」，既是如斯困難，檢視法西斯主義者如何理解與運用現代與傳統（以及他們在思考時有否運用這兩個術語），那會是更可取的進路。對於何為國族利益、何謂階級利益，法西斯主義者既是眾說紛紜，那麼他們看待現代性亦自然會有各式各樣的觀點。究竟對於法西斯主義者本身來說，「現代」與「傳統」所謂何事？

法西斯主義者曾引用過的包括社會達爾文主義、源自法國與其相對的拉馬克主義、集體心理學、社會生物學、群眾科學、以及神話研究。他們把這些觀念揉合起來，提出一套關於國民性格和／或種族的所謂科學設定。這些「科學」又與此等信念結合在一起：若要超克無從迴避的衰落大勢、並於生死攸關的國際競爭存活下來，國家自身就必須強健、其構成亦必須均一。法西斯的理念亦因而受到美術現代主義的影響：這種美學觀點認為世界暗黑而恐怖，也沒有能夠永恆不變的事物，不過這種混沌或能透過藝術家獨特的手法，從而獲得了意義、以至得以將其馴服。

不少法西斯主義者認為此乃現代的方案，另一些人卻認為這是傳統的復歸，又有些人認為這是傳統和現代的調和。我們無法更進一步地判斷誰是誰非。法西斯主義本身乃是一堆相關而矛盾的意識形態和實踐形式。我們無法簡單地以二元對立的方式將其歸類，評論它是傳統還是現代、論斷它是激進還是反動。

法西斯與反法西斯

筆者在此要再次提出一個於本書開頭曾提出的問題。倘若我們無法界定法西斯主義，那我們又該如何辨認法西斯、並與其抗衡？我們既然無法揭露某些政黨其實是法西斯，就非得要輕輕放過它們不可嗎？

首先我們必須瞭解，倫理判斷和學術研究兩者並不能混為一談。對往事的探究也無法決定倫理價值的定位。學者可以按自己的心意，亟力描述法西斯主義行事之殘酷——可是讀者必須先認同作者的倫理觀，才會認為此等行為能稱得上是罪行。不論如何，不管當代極右的姿態是否稱得上是「法西斯」，他們的提案在道德倫理上是否可取，始終是另一個問題。舉例來說，如果決定驅逐非白人出境的是非法西斯的政府，這個政策是否會因此變得可取？只放眼極右與法西斯主義相似之處，就會忽略這個運動嶄新之處。此外，我們也會忘記除卻法西斯主義者，其他人亦同樣會提倡或實行惹人非議的政策。

執迷於法西斯的定義亦會帶來另一個嚴重的問題。學者會因這份執迷，而被迫在那些會激怒當事者的問題上選邊——也就是要回答究竟那些人是、或曾是真正的法西斯——從而以可疑的方式為參與爭辯的其中一方背書。行動家和記者都喜歡向學者詢問「某政治意識形態的真正定義」，寄望如此就能為一己之觀點提出科學客觀的理據。可是與其他人相比，學者並不特別有資格去論斷誰人是真正的法西斯。他們只能解釋不同的行動者會如何使用這個詞彙、會如何用這個詞彙把別人分門別類、會如於日常鬥爭中運用這些分類、以及這一切會造成後果。基於其學術訓練，學者確有資格宣稱自己是這個領域的專家，可是他們卻無法在誰人真正代表法西斯這個問題上獨斷乾坤。

就如政治社會學家安妮．歌羅瓦所言，國民陣線將自己標籤為「國族民粹主義者」的舉動，正好反映出，讓學者斷言何為法西斯的做法會帶來潛在的危險。「國族民粹主義」這個分類，並非國民陣線自身的發明，而是源自一群於法國大學身居要位、且與政治圈關係密切的政治學家。這些學者都委身於總統制的第五共和，認為這個政體最終達成國家一直的願望，讓民主政治可以與由（像他們那樣的）能人領導的強勢政府兼容。他們否認法西斯主義曾出現在法國的政治主流，因為若是如此他們對強勢政府的渴求就會蒙上污點。亦因如此，他們把國民陣線視之為「國族民粹主義者」短線的抗議行動。而這場運動之所以興起，是一群缺乏教育的邊緣民眾，想要為他們所面對的全球化時代困局尋求簡單的答案。這種解答不只貶低了一般民眾，還讓領導國民陣線那些受過高深教育的職業政客有機可乘。這種講法使國民陣線能仰賴學者的支持，說明自己既有異於法西斯主義，同時也是無聲者的代言人。就好像種族主義是可以被接受的，只要它不是法西斯主義。要把國民陣線標籤為法西斯，固然也是問題重重。這種做法也許會把該黨污名化，可是國民陣線的支持者，卻未視自己為法西斯主義者，那些政治學者的說法會使這些支持者更加堅持自己的信念，相信國民陣線只是一群被菁英蔑視的老實人[2]。

對於那些認為學者拒絕論斷，就等同疏忽職守的論者來說，上述的講法確實無法讓他們釋懷。學者這樣不也就是以中立之名，聲稱法西斯主義的擴張事不關己？這種觀點無疑有一定的道理。可是筆者想要強調的是，採用本書探討法西斯主義的進路，並不意味着要放棄道德倫理的責任。問題的關鍵在於學者不應誇耀自己的見識，而是要謹守學術原則，繼而自由提問、小心求證。

事實上，在法西斯的時代，不少學者因為確信「科學」方法讓他們掌握獨有的知識，也使他們在道德上優於常人，如此即使他們未取得他人之認可，也能介入別人的生活。醫生們相信醫療科學能夠根據國家利益，解釋誰人可以活、哪些人應該死，就參與了猶太人大屠殺。義大利的法西斯主義者，也同樣相信國族國家的進展乃科學認證的事實，是以國家政策必須以保全國族國家為目標。事實上，認為國族具有「性格」的想法、或是認為種族源頭決定政治行為的觀點，卻只是純然的偏見，無法在最寬鬆的檢視下站得住腳。法西斯主義者的科學，只不過是把偏執當成原則。

雖則我們不應感到自滿，當代學者的確大多未有把歷史視為科學定律，更不會奉科學定律為道德標準。他們會讓自己和同業的假設面對有系統的批判，他們也會嘗試檢視其作品當中未知的偏見，縱使那未必一定成功。正當的學術方法本質上是反法西斯的，也會以懷疑的態度對待法西斯主義者眼中的金科玉律。學術的探問，意識到任何洞見，皆取決於學者的觀點。觀點可以多元，學者的解答也隨時可被挑戰。唯有民主的社會環境，方能容許這種必要的互相批評。

2〔譯註〕可是作者的講法，也許忽略了全球化困局，確實也會營造有利於國民陣線的不滿情緒。把國民陣線的崛起，簡單地歸因於專業政客擅長以謀略利用政治學者的失誤，不也是危險的做法嗎？如此反對國民陣線的政治運動和社會運動，會誤以為問題只是出於國民陣線的陰謀詭計，而忘記應當真切回應選民的真實煩惱，從而在根源上解決問題。同系列《民粹主義》對極右政黨的分析，兼顧需求面和供應面的因素，相對而言比較扎實。不過作者百密一疏，也正好說明要理解法西斯主義，的確是艱巨的任務。

即或如此，還是會有論者認為如此看待學術研究，只會鼓勵「象牙塔式」的抽離、鼓勵學者在世界崩壞之際，仍滿足於解答不相干的學究問題。我們可以期望學界會捍衛學術探究的價值，並視之為民主政治的核心推而廣之。研究法西斯主義，若是為了尋求往日對抗法西斯最有效的方法、並思索日後抵抗法西斯的策略，如此也是合理的目標。不論如何，我們還是必須小心謹慎。單靠研究法西斯的歷史，無法讓我們找到反對法西斯的對策。法西斯主義既是如此難以辨識，我們也不可能會找到萬試萬靈的獨步單方。禁絕法西斯組織，有時成效斐然、有時卻毫無作用。究竟禁制種族主義文宣，會達成阻嚇作用、還是激起「言論自由」支持者（他們卻干犯了「自由不得妨害他人」的規矩）的同情，也是未知之數。討好選民的種族主義，有時會令法西斯主義流失支持，有時卻會令法西斯主義顯得合情合理。我們當然必須正視法西斯潛在支持者的煩惱，並提出更可取、更人道的替代方案。可是，沒有簡單的指引能告訴我們應當提出怎樣的替代方案。

我們迴避界定法西斯，就是輕易放過當代極右派嗎？應對法西斯主義，終究並不取決於學術上的探究：不論那是關乎法西斯的歷史、還是政治運動的分類。把極右界定為法西斯，無助於抵抗極右——縱使兩者之間無疑有不少共通之處。我們反倒應該留意，極右派本身究竟代表著怎麼樣的當代危機，我們要留意非法西斯的政治運動——包括那些擅長民主規則的群體——也有機會侵害公正的價值。社會價值的問題，必須由社會共同面對，不能只靠學者的努力。

(Manchester University Press, 2002)
Paxton, Robert O., *The Anatomy of Fascism* (Penguin, 2004)
Payne, Stanley, *A History of Fascism 1919–1945* (University of Wisconsin Press, 1995)
Quine, Maria Sophia, *Population Politics in Twentieth-Century Europe* (Routledge, 1996)
Reichardt, Sven, *Faschistische Kampfbünde: Gewalt und Gemeinschaft im italienischen Squadrismus und in der deutschen SA* (Böhlau, 2002)

sity Press, 2000)

Dobry, Michel, 'On an Imaginary Fascism', in *France in the Era of Fascism: Essays on the French Authoritarian Right*, edited by Brian Jenkins (Berghahn Books, 2007), 129-150

Durham, Martin, *The Christian Right, the Far Right and the Boundaries of American Conservatism* (Manchester University Press, 2000)

Eatwell, Roger, *Fascism: A History* (Vintage, 1996)

Eley, Geoff, *Nazism as Fascism* (Routledge, 2013)

Evans, Richard J., *The Coming of the Third Reich* (Allen Lane, 2003)

Evans, Richard J., *The Third Reich in Power, 1933-1939* (Penguin, 2012)

Fritzsche, Peter, *Germans into Nazis* (Harvard University Press, 1998)

Griffin, Roger, *The Nature of Fascism* (Pinter, 1991)

Griffin, Roger, *Modernism and Fascism: The Sense of a Beginning Under Mussolini and Hitler* (Palgrave, 2007)

Hancock, Eleanor, "Only the real, the true, the masculine held its value": Ernst Rohm, masculinity, and male homosexuality', *Journal of the History of Sexuality*, 8:4 (1998), 616-641

Iordachi, Constantin, *Comparative Fascist Studies: New Perspectives* (Routledge, 2010)

Laclau, Ernsto, 'Fascism and Ideology' and 'Toward a Theory of Populism' in *Politics and Ideology in Marxist Theory: Capitalism, Fascism, Populism* (NLB, 1977)

Kershaw, Ian, *Hitler*, 2 vols (Allen Lane, 1998–2000)

Koonz, Claudia, *Mothers in the Fatherland: Women, the Family, and Nazi Politics* (St Martin's Press, 1987)

Mosse, George L., *The Fascist Revolution: Towards a General Theory of Fascism* (Howard Fertig, 1999)

Passmore, Kevin (ed.), *Women, Gender and Fascism in Europe, 1919–1945*

參考資料

Arendt, Hannah *The Origins of Totalitarianism* (Harcourt, Brace & Co., 1951)

Bauerkämper, Arnd, 'Transnational Fascism: Cross-Border Relations Between Regimes and Movements in Europe, 1922-1939', *East Central Europe* 37, no.2-3 (2010):79-95

Blinkhorn, Martin, *Fascism and the Right in Europe 1919–1945* (Longman, 2000)

Bosworth, R. J. B., *The Italian Dictatorship: Problems and Perspectives in the Interpretation of Mussolini and Fascism* (Arnold, 1998)

Bosworth, R. J. B., *Mussolini* (Arnold, 2002)

Bosworth, R. J. B.(ed.), *The Oxford Handbook of Fascism* (Oxford University Press, 2009)

Burleigh, Michael and Wolfgang Wippermann, *The Racial State, Germany 1933–1945* (Cambridge University Press, 1993)

Burleigh, Michael, *The Third Reich: A New History* (Macmillan, 2000)

Collovald, Annie, 'Le "national-populisme" ou le fascisme disparu. Les historiens du «temps présent» et la question du déloyalisme politique contemporain', in Michel Dobry (ed.). *Le mythe de l'allergie française au fascism* (Albin Michel, 2003)

De Grand, Alexander, *Italian Fascism: Its Origins and Development* (University of Nebraska Press, 1982)

De Grazia, Victoria, *How Fascism Ruled Italian Women: Italy, 1922–1945* (University of California Press, 1992)

Dobratz, Betty E. and Stephanie L. Shanks-Meile, '*White Power, White Pride*': *The White Separatist Movement in the United States* (Johns Hopkins Univer-

墨索里尼，亞歷珊德拉 Alessandra Mussolini
德伯努瓦，阿蘭 Alain de Benoist
德里維拉，米格爾・普里莫 Miguel Primo de Rivera
德里維拉，何塞・普里莫 José Antonio Primo de Rivera
德勒 Dreux
德國工人黨 German Workers' Party
德國共產黨 Communist Party of Germany (KPD)
德國保守黨 German Conservative Party
德意志高於一切 Deutschland über alles
德意志勞工陣線 German Labour Front (DAF)
德裔美國人聯盟 American-German Bund
德雷弗斯事件 Dreyfus Affaire
摩爾達維亞 Moldavia
箭十字黨（匈牙利）Arrow Cross
衝鋒隊 Sturmabteilung (SA)
褐衫隊 Brownshirts
鄧南遮，加布里埃爾 Gabriele d'Annunzio
魯登道夫，艾瑞克 Eric Ludendorff
整合主義者（巴西）Integralists
穆斯林兄弟會（埃及）Muslim Brotherhood
興登堡總統 President Hindenburg
蕭爾茨一克林克，葛楚 Gertrud Scholtz-Klink
諾爾特，恩斯特 Ernst Nolte
遺傳疾患承傳預防法案 Prevention of Hereditarily Diseased Progeny
鋼盔聯盟（德國）Der Stahlhelm
霍爾蒂，米克洛什 Horthy Miklós（姓氏在前）
鮑斯，錢德拉 Subhas Chandra Bose
鮑德溫，斯坦利 Stanley Baldwin
邁斯特，約瑟夫・德 Joseph de Maistre
薩爾法季，瑪格麗塔 Margherita Sarfatti
薩羅共和國 Salò Republic
懷爾德斯，希爾德 Geert Wilders
羅姆，恩斯特 Ernst Röhm
羅科，阿爾弗雷多 Alfredo Rocco
羅斯柴爾德（家族）Rothschild
新政 New Deal
羅森堡，阿佛烈 Alfred Rosenberg
黨衛隊 Schutzstaffel (SS)
護國團（奧地利）Heimwehr (Home Guard)
鐵衛團（羅馬尼亞）Iron Guard

凱末爾，阿塔圖克 Kemal Atatürk（姓氏在前）
博西，翁貝托 Umberto Bossi
博泰，朱塞佩 Giuseppe Bottai
喬利蒂，喬瓦尼 Giovanni Giolitti
斯特凡大帝 king Stephen the Great
斯塔拉切，阿基萊 Achille Starace
普丁，弗拉迪米爾 Vladimir Putin
猶太－布爾什維克 Judeo-Bolshevik
華格納，理察 Richard Wagner
菲尼，詹弗蘭多 Gianfranco Fini
費代爾佐尼，路易吉 Luigi Federzoni
賀爾，查爾斯 Charles Hall
雅西大學 Iași University
馮·許士尼格，庫爾特 Kurt von Schuschnigg
黑色百人團（俄國）Black Hundreds
塞吉，朱塞佩 Giuseppe Sergi
塞維林堡 Turnu Severin
奧地利自由黨 Austrian Freedom Party (FPÖ)
奧許維茲 Auschwitz
愛國者同盟（法國）League of Partriots
愛國者運動（美國）The Patriot Movement
愛國青年黨（法國）Jeunesses Patriotes (JP)
新政 New Deal
新國家體系（巴西）New State
義大利人民黨 Popolari, Italian Popular Party
義大利社會運動 Italian Social Movement (MSI)
義大利社會黨 Italian Socialist Party
義大利國族主義者協會 Italian Nationalist Association (INA)
聖墓廣場 Piazza San Sepolcro
葉爾欽，鮑利斯 Boris Yeltsin
葛蘭西，安東尼奧 Antonio Gramsci
蒂沃利 Tivoli
蒂爾加滕區 Tiergarten
裘加諾夫，根納季 Gennady Zyuganov
詹提勒，喬凡尼 Giovanni Gentile
農業聯盟（德國）Agrarian League
達爾文，查爾斯 Charles Darwin
雷根，隆納 Ronald Reagan
圖拉蒂，奧古斯托 Augusto Turati
歌羅瓦，安妮 Annie Collovald
福克沙尼 Focșani
維多尼宮協定 Pact of the Vidoni Palace
蒙特魯 Montreux
裴隆，胡安 Juan Domingo Perón
赫德，約翰 Johanne Gottfried von Herder
墨索尼里，貝尼托 Benito Mussolini

束棒黨（法國）Faisceau
貝魯斯柯尼，西爾維奧 Silvio Berlusconi
帕雷多，維爾弗雷多 Vilfredo Pareto
抵抗婦女解放聯盟 League of Struggle Against the Emancipation of Woman
拉侯歇，皮耶 Pierre Drieu La Rochelle
拉特朗協定 Lateran Pact
拉馬克主義 Lamarckianism
東征協會（德國）Eastern Marches Society
林布蘭，范萊因 Rembrandt van Rijn
治埋術 Governmentality
法西斯大委員會 Fascist Grand Council
法西斯戰鬥團 Groups of Fighters
法里納奇，羅伯托 Roberto Farinacci
法蘭西行動 Action Française (AF)
法蘭西社會黨 Parti Social Français
泛德意志同盟 Pan-German League
波克爾，奧圖 Otto Böckel
波拿巴派 Bonapartist
社團國家 Ständestaat
長刀之夜 night of the long knives, Nacht der langen Messer
阜姆 Fiume
阿爾斯特 Ulster
阿爾斯特義勇軍（英國）Ulster Volunteers
俄國人民同盟 Union of the Russian People
南提洛 South Tyrol, Alto Adige/Südtirol
南斯拉夫婦女聯盟 Yugoslav Women's Union
南斯拉夫激進同盟 Yugoslav Radical Union
哈德利希，愛瑪 Emma Hadlich
威尼斯朱利亞區 Venezia Giulia
威爾斯，奧托 Otto Wels
柯蒂尼，恩里科 Enrico Corradini
科德里亞努，科諾留 Corneliu Codreanu
科羅爾劇院 Kroll Opera House
英國國民陣線 National Front (NF)
英國國家黨 British National Party
英國獨立黨 UK Independence Party
韋伯，馬克斯 Max Weber
韋科 Waco
埃佛拉，尤利烏斯 Julius Evola
容克貴族 Junker
席哈克，賈克 Jacques Chirac
庫格林，查爾斯 Charles E. Coughlin
朗邊，朱利烏斯 Julius Langbehn
柴契爾，瑪格麗特 Margaret Thatcher

卡波雷托 Caporetto
卡普，沃爾夫岡 Wolfgang Kapp
卡森，愛德華 Edward Carson
史特拉瑟，奧托 Otto Strasser
尼采，弗烈德利希 Friedrich Nietzsche
布林霍，馬丁 Martin Blinkhorn
布朗熱，喬治·厄內斯特 Georges Ernest Boulanger
布雷，邁克爾 Michael Burleigh
布羅薩特，馬丁 Martin Broszat
弗里德里希，卡爾 C. J. Friedrich
民粹極端國家主義 populist ultranationalism
瓦爾加斯，熱圖利奧 Getúlio Vargas
生存空間 Lebensraum
白種雅利安軍團（美國）White Aryan Legion
皮姆·佛杜恩名單 Pim Fortuyn's List
皮埃蒙特（義大利）Piedmont
皮爾森，卡爾 Karl Pearson
全國白人權益促進協會（美國）National Association for the Advancement of White People
全國社會公義同盟（美國）National Union for Social Justice
全國聯盟（義大利）Alleanza Nazionale (AN)
共濟會 Freemason
印度國民大會黨 Indian National Congress Party
印度國民軍 Indian National Army
吉里諾夫斯基，弗拉迪米爾 Vladimir Zhirinovsky
安東內斯庫，揚 Ion Antonescu
托利主義 Toryism
米迦勒天使長軍團 Legion of the Archangel Michael
自由人民黨（義大利）People of Freedom Party
自由民主黨（俄國）Liberal Democratic Party (LDP)
自由軍團（德國）Freikorps
艾可，安伯托 Umberto Eco
艾格莫爾特 Aigues-Mortes
艾爾哈德特海軍陸戰自由軍團 Freikorps Marinebrigade Ehrhardt
西班牙長槍黨 Spanish Phalange
佛杜恩，皮姆 Pim Fortuyn
佛朗哥，法蘭西斯科 Francisco Franco
克里斯提亞，米龍 Miron Cristea
克拉斯，海因里希 Heinrich Class
克雷莫納 Cremona
希姆萊，海因里希 Heinrich Himmler
杜克，大衛 David Duke
杜馬 Duma

名詞對照表

〈人種不平等論〉Essay on the Inequality of Human Races
〈如果我是凱撒〉If I were Kaiser
《我的奮鬥》*Mein Kampf*
《貝麗妮絲的花園》*Le Jardin de Bérénice*
《教育家林布蘭》*Rembrandt as Educator, Rembrandt als Erzieher*
《愛爾蘭自治法案》*Irish Home Rule Act*
《義大利人民》*Il Popolo d'Italia (The Italian People)*
人民陣線（法國）Popular Front
人民凱撒 people's Kaiser
力量來自歡樂（德國）Strength Through Joy
三K黨（美國）Ku Klux Klan
久洛，根伯什 Gyula Gömbös（姓氏在前）
士官運動（巴西）tenentes
大農莊主 Latifundists
工業復興公司（義大利）Istituto per la Ricostruzione Industriale (IRI)
不列顛法西斯聯盟 British Union of Fascists (BUF)
不列顛法西斯黨 British Fascists
中間民主同盟（瑞士）Democratic Union of the Centre
反社會民主帝國聯盟 Imperial League Against Social Democracy
反猶聯盟 Antisemitic League
天主教中央黨（德國）Catholic Centre Party
天主教民主黨（義大利）Christian Democracy
巴西整合運動 Brazilian Integralist Action
巴雷斯，莫里斯 Maurice Barrès
戈巴契夫，米哈伊爾 Mikhail Gorbachev
戈比諾伯爵 Count Gobineau, Arthur de Gobineau
戈培爾，約瑟夫 Joseph Goebbels
比薩拉比亞 Bessarabia
水晶之夜 Kristallnacht
火十字團（法國）Croix de Feu
兄弟聯盟（英國）British Brothers' League
加塞特，奧特嘉・伊 Ortega y Gasset
北方聯盟（義大利）Northern League

左岸政治 341

法西斯主義：牛津非常短講 004

Fascism: A Very Short Introduction

作　　者　凱文．帕斯莫（Kevin Passmore）
譯　　者　徐承恩
總 編 輯　黃秀如
策畫主編　劉佳奇
行銷企劃　蔡竣宇
封面設計　黃暐鵬
內文排版　張瑜卿

社　　長　郭重興
發行人暨出版總監　曾大福
出　　版　左岸文化／遠足文化事業股份有限公司
發　　行　遠足文化事業股份有限公司
231新北市新店區民權路108-2號9樓
電　　話　02-2218-1417
傳　　真　02-2218-8057
客服專線　0800-221-029
E-Mail　rivegauche2002@gmail.com
左岸臉書　facebook.com/RiveGauchePublishingHouse
法律顧問　華洋法律事務所　蘇文生律師

印　　刷　呈靖彩藝有限公司
初版一刷　2022年6月
定　　價　400元

ISBN　978-626-96063-3-7（平裝）
978-626-96063-7-5（EPUB）
978-626-96063-8-2（PDF）

歡迎團體訂購，另有優惠，請洽業務部，02-22181417分機1124、1135

國家圖書館出版品預行編目（CIP）資料

法西斯主義：牛津非常短講004／凱文．帕斯莫（Kevin Passmore）著／徐承恩 譯
——初版——新北市：左岸文化出版：遠足文化事業股份有限公司發行，2022.06
——面；公分——（左岸政治；341）
譯自：Fascism: A Very Short Introduction
ISBN 978-626-96063-3-7（平裝）
1.CST：法西斯主義
571.192　　111006290